만화에서 건진 영어

박정 · 박언정 · 조은아 지음

을유문화사

만화에서 건진 영어

1999년 7월 26일 초판 1쇄 인쇄
1999년 7월 30일 초판 1쇄 발행

지은이: 박정 · 박원정 · 조은아
펴낸이: 정필영
펴낸곳: (주)을유문화사

주소: 서울시 종로구 수송동 46-1
전화: 733-8151~3
팩스: 732-9154

등록년월일: 1950년 11월 1일
등록번호: 제 1-292호

값 7,000원
* 지은이와의 협의에 따라 인지를 붙이지 않습니다.
ISBN 89-324-5197-4 13740

머리말

우리가 일상에서 자주 접하는 신문이나 잡지들은 좀더 많은 독자들에게 읽히기 위하여 나름대로의 독특한 지면 할애를 시도한다. 그 중에서도 빼놓을 수 없는 공통 수단 중의 하나가 "만화"라는 시각적인 도구를 동원하는 것이며, 요즈음의 "보는" 신문에서는 더욱 그 기능이 두드러진다.

우리 나라 일간지들은 외국 신문들에서 흔히 볼 수 있는 것과 비슷한 기능을 가진 만화 형태들을 거의 모두 게재하고 있다. 흔히 "시사 만평" 따위로 불리는, 사설과 그 내용이 상응하는 "editorial cartoons"를 비롯하여, 당일의 기사 내용들 중에서 널리 사람들의 입에 오르내릴 만한 소재를 네 컷 정도의 만화에 담아 일련의 진행적 메시지를 전달하는 "comic strips(이하 comics)" 등이 그 예라고 할 수 있다.

이러한 일간지 만화들의 특성으로는 언론 매체의 공통적인 특징이라고 할 수 있는 "시사성"과, 작가의 독특한 감각이 반영된 "풍자성"을 들 수 있다. 따라서, 이러한 만화들의 내용에 포함되어 있는 시사적인 용어나 표현들, 그리고 풍자적인 암시들이 가지고 있는 어감을 적절히 영어로 바꾸어 비교하고 이해하는 과정은 영어의 학습이라는 측면에서도 큰 효과가 있을 것이다. 나아가, 한 시대의 사회상을 보여 주는 생생한 기록이 인쇄 매체의 고유한 기능이라면, 오늘날의 우리들의 모습을 좀더 많은 사람들이 이해할 수 있도록 세계 공용어인 영어로 남겨 두는 일도 그 의미가 크다고 하겠다.

이 책은 국내의 5개 일간지(경향, 동아, 중앙, 조선, 한국)에 게재된 comics에 담겨 있는 어휘나 표현들을 문화적인 비교를 통하여 영어로 정리해 보았다. 특히, 이 책의 영어 표현들은 가급적 현 상황에 맞추어 우리말의 어감을 최대한 살리려고 노력하였다. 그러나, "번역은 반역"이라는 어구가 암시하듯이 우리말과 영어 간의 서로 다른 언어적 특성으로 인한 불가피한 부족함은 인정하지 않을 수 없으며, 앞으로 독자 여러분의 많은 제언을 바란다.

마지막으로, 집필에 공동으로 참여한 저자들은 끊임없는 자기 계발의 의지로 정진하는 모든 영어 학습자들을 위한 깊은 충심으로써 이번 출간의 의미를 채우고자 한다.

Foreword

Cartoons, especially political cartoons have been historically used to reflect the social condition in virtually every country. Cartoon have struck at the heart of social problems through constructive criticism, celebrated victories of human kind and of course, made fun in good humor of life's happenings. Perhaps it is the medium of cartoons, a hand-drawn character existing in a society similar to ours but one stepped removed through illustration, that has allowed the cartoonist to take an honest look at our society and also allowed the reader to do the same.

If we are to learn a language, the culture must be understood. And what better way to approach it than through an honest medium that depicts and even criticizes our way of life. It is in this spirit that we took on the task of putting this book together. We hope that this book can improve your practical English skills as well as enrich your lives just as the process of creating this book has our.

Comic #1

1, 2 낮말은 새가 듣고, 밤 말은 쥐가 듣고 : "낮말은 새가 듣고 밤 말은 쥐가 듣는다"라는 우리 나라의 속담을 그대로 영어로 옮겨 본 것이다. 그러나, 정확한 의미 전달을 위해서는 같은 메시지-교훈을 담고 있는 영어 속담이나 관용 표현을 익혀야 한다. 그러한 영어 속 담이 바로 "The walls have ears."이다.

　　ex) Shhh! Let's not have this conversation here. The walls have ears.
　　　이 얘기는 여기서 하지 맙시다. 낮말은 새가 듣고 밤 말은 ...

그런데, 재미있게도 우리말 속담의 내용과 비슷한 "새가 말한다" 는 영어 표현이 있는데 그 의미는 전혀 다르다. "A little bird told me."라는 표현은 은밀한, 혹은 알려지지 않은 출처를 통해 어떤 사 실을 알게 된다는 뜻이다.

　　ex) A little bird told me that the company would be bankrupt in 6 months.
　　　회사가 6개월 내에 파산할 것이라는 이야기가 어디에선가 나왔다.

4. 통신 감청 급증 : "감청"은 대부분 전화선에 대해서 행해지므로 "wire tapping"이 가장 일반적으로 사용되는 표현이며, "to bug the telephone"이라고도 한다.

　　ex) The FBI* bugged all the telephones. They'll be able to monitor all calls coming in and out of the office.

FBI는 모든 전화를 감청했다. 사무실로 걸려오거나 사무실에서 거는 모든 전화를 감시할 것이다.

　＊ FBI : Federal Bureau of Investigation(미연방수사국)

이외에도 "to eavesdrop"이라는 어휘는 남의 대화를 엿듣는다는 의미로 쓰인다.

　ex) I didn't mean to eavesdrop, but I heard you talking about Jane.
　　일부러 들을 생각은 아니었는데, 당신들이 Jane에 대해 이야기하는 것을 들었습니다.

또, "to hear something through the grapevine"이라는 표현이 있는데, 이것은 소문으로 어떤 사실을 알게 되었다는 의미로 쓰인다.

　A: Where did you get that information?
　　어디서 그 정보를 입수했습니까?
　B: I heard it through the grapevine.
　　소문으로 들었습니다.

한편, "급증"이라는 표현은 점진적인 증가가 아니라는(not gradual) 어감을 살릴 수 있는 "sharp"을 이용한 "sharp rise"라는 표현이 적절하다.

CULTURE WINDOW

동물을 비유 대상으로 한 직유법적인 표현들을 영어에서도 많이 찾아볼 수 있다.

As stubborn as a mule : 노새처럼 고집 센. 우리말의 황소 고집
As quiet as a mouse : 쥐처럼 조용한. 우리말의 쥐죽은 듯이 조용하다는 표현과 거의 같다.
As strong as an ox : 힘이 좋은 짐승은 황소
As blind as a bat : 박쥐처럼 보지 못하는
As busy as a beaver : 항상 분주해 보이는 사람은 해리에 비유된다.
As happy as a clam : 즐겁고 편한 상태는 조개에 비유된다.
As hungry as a bear : 먹성을 연상해서 곰처럼 배고픈
As innocent as a lamb : 양처럼 순진한. 우리말 표현과 같다.
As mad as a horney : 벌처럼 화를 내는
As smart as a fox : 여우처럼 영리한
As wise as an owl : 올빼미처럼 현명한

Comic #2

Mr. PIPI/조선일보/98년 9월 24일

1. **비리 공직자** : 비리는 "misdeeds"라는 표현이 있으나 공직자—public official, public servant, government worker—를 수식할 수 있는, 좀더 포괄적인 개념으로 "corrupt(부패한)"를 사용하여 "corrupt public officials"라고 옮기는 것이 자연스럽다.
부패했다는 의미로는 "crooked"라는 표현도 있다.

> ex) I always knew he was crooked. There is no way he could afford a car like that on a cop's salary.
> 나는 그가 부패한 경찰이라는 사실을 알고 있었다. 경찰 봉급으로는 절대로 그런 차를 타고 다닐 수 없다.

2. **1만여 명 싹둑** : "싹둑"이라는 어감과 그림의 칼을 고려해서 그냥 "cut"라고 표현해도 해고의 의미는 전달될 수 있다. 1만여 명에서 "여"의 의미를 살려 "about"을 숫자 앞에 넣거나 뒤에 "or so"를 덧붙일 수 있다.
해고를 뜻하는 다양한 표현들이 있는데 가장 평이한 용어는 "to fire"이다. 그리고 "to can"에도 해고시킨다는 의미가 있다.

> ex) If Jerry's work performance doesn't improve, he will get canned.
> Jerry의 업무 실적이 향상되지 않는다면 해고당할 것이다.

요즈음의 정리 해고는 감원을 목적으로 하는 것이므로 "to lay off"라고 하는 것이 정확한 표현이고, 명사로도 그대로 쓰인다.

ex) Because of the decline in industry, mass layoffs are expected in the next quarter.
경기 하락으로 인해 다음 분기 동안 대량 해고가 예상된다.

3. 아직 멀었어 : 아직도 진행되어야 할 과정이 많이 남아 있다는 의미이므로 "still have a long way to go"라는 표현이 우리말의 어감과 일치한다. 참고로, 이제까지 많은 진행, 발전이 있었다면 "to have come a long way"라고 할 수 있다.

ex) Women's rights have come a long way since the 50's, but we still have a long way to go.
여성의 권리는 50년대 이후 많은 발전이 있어 왔지만, 아직도 멀었다고 생각한다.

4. 복지 부동, 무사 안일, 직무 태만, 부정, 금품 수수, 부패 : 이러한 한자 어휘들은 대부분 정확한 영어 대응 어휘들을 찾을 수 있으나, 그러한 개념이 본래의 글자 그대로의 뜻이 아닌 비유적으로 쓰일 경우 한 단어로 표현될 수 없는 경우도 있다.

"복지 부동"의 경우가 바로 그러한 예라고 할 수 있는데, 글자 그대로의 의미는 "꼼짝하지 않는다"는 부분을 "not to move a muscle, be perfectly still"로 생각해 볼 수 있고, 비유적인 표현으로는 "not to lift a finger"라는 표현도 있다. 결국 "minimal effort"라는 개념과, "inactive, passive", "to be lazy" 등의 의미를 생각해 볼 수 있다. 또한 최소한의 이익이 없다면 작은 노력도 기울이지 않는다는 점에서 "no gain, no pain"이라는 표현을 만들어 볼 수도 있다. 이 표현은 본래 "no pain, no gain"으로서 어떠한 결실을 거두기 위해서는 그에 따르는 노고를 뜻하지만, 순서를 바꾸어 "복지 부동"의 의미를 어느 정도 전달할 수도 있다.

결국 "복지 부동"의 글자 그대로의 의미와 내포한 어감을 모두 고려해 볼 때 가장 적절한 표현은 "to lay low"이다.

ex) The company atmosphere is terrible! Better lay low!
회사 분위기가 엉망이야! 몸 조심해, 복지 부동!

"무사 안일"은 안일하다는 의미로 "indolence", "직무 태만"은 "neglect of duty", "부정"은 글자 그대로의 의미를 살려 "injustice", "금품 수수"는 "bribery", "부패"는 "corruption"이라고 할 수 있다.

Words & Expressions

crooked : 부정직한, 마음이 삐뚤어진
cop : 경찰, 경찰관
work(duty) performance : 업무 실적
decline : 하락, 감소
quarter : 분기
terrible : very bad
  cf)terrific:very good
better : 앞에 You had가 생략되었음.

1. IMF 시대 : 불행인지 다행인지, IMF가 International Monetary Fund의 약자라는 사실이 우리의 머리 속에는 각인되어 있다. 흔히 "IMF 시대"라고 할 때 그 시대는 어떠한 특징으로 규정될 수 있는 전체 기간을 의미하는 "era"를 사용하여 "the IMF era"라고 할 수 있다. 참고로, IMF가 하고 있는 금융 구제 조치는 곧 경제적인 위기로부터의 탈출을 돕는 것이므로 흔히 "bailout"이라고 간단히 말한다.

ex) The IMF bailout signified the beginning of the IMF era in Korea.
IMF 구제금융은 한국의 IMF시대가 시작되었음을 의미한다.

2. 빈부차 : 우리가 흔히 말하는 빈부의 차는 곧 수입에서 생기는 것이므로 "income gap"이라고 할 수 있다.

ex) During the Great Depression, the income gap was wide.
미국의 경제 대공황 동안 빈부의 차는 격심했다.

또한 빈부의 차가 벌어진다는 것은 곧 그 차이가 커진다는 의미이므로 "widen"이라고 하면 되고, 전반적인 시제는 IMF 시대가 시작된 이후 지금까지의 상황이므로 현재 완료형으로 해야 한다.
참고로, 우리가 "부익부 빈익빈"이라고 하는 표현은 비교급을 활용해서 "The rich get richer and the poor get poorer."라고 옮길 수 있다.

ex) A : During a recession, those with money have more opportunity to make more money.
경기가 침체된 시기에는 돈 가진 사람이 돈을 더 벌 수 있는 기회가 많아.

B : You're right. The rich get richer and the poor get poorer.
맞아. 부익부 빈익빈이라고들 하잖아.

3. 세금 부담 : 한 사람이 내야 하는 총 세금액이라는 점과 과중해지는 부담이라는 점에서 "tax burden"이 적절하다.

ex) The individual tax burden for the average American has risen 12% in the last decade.
한 미국인 개인이 부담해야 할 세금이 지난 10년 동안 12% 증가했다.

그리고, IMF 이후 납세자(tax payer)에게 가해지는 형태가 달라졌다는 점에서 "redistributed" 되었다고 할 수 있다. "IMF형"은 그대로 "IMF style"이라고 하면 무난하다. 전체 문장의 시제는 역시 현재 완료.

4. 서민층 / 부유층 : 정치적·사회적인 다양한 의미들을 내포하고 있긴 하지만 "서민층"은 "the common people"이 가장 적당하고, "부유층"은 경제적인 의미로서는 "the wealthy"라고도 할 수 있지만, 좀더 포괄적인 개념으로서 "the upper class"가 무난하다.

참고로, 우리말의 "가진 자와 못가진 자"는 영어로도 그대로 "the have and the have-not"이라 한다.

ex) The upper class is fighting the new income tax bill.
부유층은 새로운 소득세 법안에 대해 결사적으로 반대하고 있다.

Words & Expressions

to signify : 의미하다
the rich/the poor : 정관사와 형용사는 rich/poor people의 의미로 쓰이는 복수명사이다. 주의할 점은 "도심지의 가난한 사람들"이라고 할 경우에는 "the urban poor", 즉 형용사로 수식해야 한다.
bill : 법안
depression : a long period of economic slowdown and much unemployment
· 장기간의 경기 침체 및 실업
· 의기 소침, 침울
recession : 경기 침체
decade : 10년

Comic

#4

강다리/한국일보/98년 9월 15일

1. 고액 과외 주범 : "과외"라는 표현은 "private tutoring", "고액"은 "overpriced", 주범이라는 표현은 "offender", "culprit" 등이 있으나, "주도했다"는 어감을 살려 "perpetrator"가 어울린다. 그리고, 이것은 일종의 사기 사건이므로 "scam"을 덧붙여 "Perpetrator of the Overpriced private tutoring scam"으로 옮길 수 있다.

> ex) The suspect was arrested for running a money laundering scam.
> 그 용의자는 돈세탁 사건을 주도한 혐의로 체포되었다.

2. 밀항 기도까지 : "밀항"은 "to stowaway"라는 표현이 어울린다.

> ex) Did you hear about the man who traveled around the world by stowing away?
> 밀항으로 세계 일주를 했다는 그 남자 이야기를 들어봤어?

"기도"는 "to attempt"가 적절하다. 결국 우리말의 "까지"와 "국외 탈출"이라는 개념을 추가하여 "Even attempted to stowaway and flee the country"라고 정리할 수 있다.

3. 모두 치를 떨며 : 우리말의 "치(齒)"를 살려 "grind 혹은 grit one's teeth"라는 표현이 어울린다. 결국 주어 "모두"를 살려

"Everyone is gritting their teeth in anger." 라고 표현될 수 있다.

> ex) I grit my teeth when I think of how she got the promotion over me.
> 어떻게 그녀가 나보다 높은 직책으로 승진했는지를 생각하면 치가 떨린다.

4. 죽일 놈!(잡혀서...)/ 과외 시킨 지도층 : "죽일 놈"이라는 표현에 대한 비교적 완곡한 표현으로 "damn him", "잡혀서"라는 부분은 그 이유이므로 "for getting caught"가 적절하다.

참고로, "나쁜 짓을 하다가 현장에서 들킨다"는 의미로 "to be caught red-handed", "to be caught with one's pants down", "to be caught in the act" 등의 표현이 있다.

"지도층"은 "leading members of the society"라고 표현될 수 있으며, "과외 시킨"이라는 부분은 그 사건에 연루되었다는 의미로 "to take part"가 적절하다. 결국 정리하면, "leading members of the society who took part"가 된다.

> ex) All the workers in the factory took part in the strike.
> 공장의 모든 직원들이 파업에 참여했다.

Words & Expressions

arrest : 체포하다. "to pick up"이라고도 한다.
perpetrator : 주모자, 주동자, 주범
money-laundering : 돈세탁
    cf) laundry : 세탁물
        laundromat : 빨래방
     * laundry + automatic
      = laundromat
    (laundromat는 laundry와 automatic을 합성한 말이다.)
grit : 삐걱거리게 하다, (이를) 갈다.

Comic #5

나대로/동아일보/98년 11월 14일

1. "대정부 질문"은 국회의원들의 국정 전반에 관한 국무총리와 장관들의 답변이라는 점에서 질의 응답, 즉 "Q & A"라고 할 수 있다.

   ex) After the key note speaker there will be a Q & A session, so please hold your questions until then.
   기조 연설 후에 질의 응답 시간이 있으므로 그때 질문해 주시기 바랍니다.
   cf) R & D : Research and Development(연구 개발)

그리고, 회의 따위의 일련의 과정이 진행되는 시간, "회기"는 "session"이 적당하고, 우리 나라의 "국회"는 "(National) Assembly"라고 한다.

   cf) 영국 의회 : Parliament, 미국 연방 의회 : [congress the Senate(상원) & the House of Representatives(하원)]

2. 코미디 한 토막 : "코미디"는 우스운 내용을 담고 있는 말이며, "토막"은 비유적으로 조금은 막연한 "적은 양(a small amount)"을 의미하므로 결국 "a touch of humor"라고 할 수 있다.

   ex) A : Are you feeling all right, Tom? You look a bit under the weather.
   Tom, 너 괜찮니? 조금 몸이 아파 보여.
   * under the weather : not feeling well, sick
   B : Yeah, I have a touch of the flu.
   괜찮아, 감기 기운이 조금 있어.

3. "자민련"은 공식적인 영어 표기가 "the United Liberal Democrats ULD" 이다.

 cf) 새정치국민회의 : the National Congress for New Politics
   한나라당 : Grand National Party
 cf) 미국의 공화당 : the Republican Party(Grand old Party라고도 한다)
   민주당 : the Democratic Party

그리고, "내각제"는 "the parliamentary government system", "수상"은 "Prime Minister" 혹은 "Premier"라고도 한다.

 cf) 미국의 부통령 : Vice President

4. 정관사와 비교급을 반복하여 "~할수록 ~하다"는 다양한 표현을 쓸 수 있다.

 ex) A : I invited Pat and Jane to the birthday party also. Is that all right with you?
   Pat과 Jane도 생일 파티에 초대했어. 괜찮니?
  B : Sure, the more the merrier!
   물론이야, 많을수록 좋지.

Words & Expressions

한 국	미 국
국무총리 : Prime Minister	부통령 : Vice President
장관 : minister	장관 : secretary
ministry(부)	Department(부)
국회 : the (National) Assembly	국회(미 연방의회) : the Congress

key note : 기조 연설
hold : 보류하다
a bit : 조금(a little)
a touch of : (적은) 양, 약간~

Comic #6

장도리/경향신문/98년 11월 14일

1. 정대철 씨는 보석(bail)으로 풀려났으므로 "on bail"을 덧붙여 "to be out on bail"이라고 하는 것이 자연스럽다. "살아나다"의 의미는 처벌 등의 어려운 상황을 모면한다는 의미의 "to get off easy" 혹은 "get off lightly"가 적절하다.

> ex) It was a serious offense but Bill got off easy this time.
> 아주 큰 잘못을 했지만 Bill은 이번에는 처벌을 면했다.

참고로 아주 가벼운, 형식적인 처벌에 그친다는 표현으로 "a slap on the wrist"가 있다.

> ex) A : Did you hear that Tom was late for work 3 times last week?
> Tom이 지난주에 세 번이나 지각했다는 이야기 들었니?
> B : Yeah, but he's the boss' nephew. All he got was a slap on the wrist.
> 알아, 하지만 그 친구는 사장의 조카야. 가벼운 처벌만 받았지.

문맥상 "냉랭하던 분위기를 깬다"는 표현으로 "to break the ice"를 떠올려 볼 수 있다.

> ex) A : Did you and John reconciliate yet? That was really a stupid fight.
> John하고 화해했니? 정말 말도 안되는 다툼이었어.
> B : Yeah, he broke the ice and asked me to dinner.
> 했어. 그 친구가 어색한 분위기를 깨고 외식을 청했지.

영어의 "warm"이라는 단어는 온도와 관련해서, "hot"가 덥다는 의미라면 우리말의 따뜻하다는 느낌에 맞을 뿐만 아니라, 분위기나 사람의 성격 따위가 "우호적이거나 친근하다(friendly)"는 의미로도 쓰인다.

 ex) A : John is such a sweet person.
   John은 정말 친절한 사람이야.
  B : Yeah, he really has a warm personality.
   그래, 그 친구는 정말 온화한 성품을 갖고 있어.

또, "house-warming party"는 우리말의 "집들이"에 해당한다.

 ex) A : Are you and Betty enjoying your new house?
   너하고 Betty는 새집이 마음에 드니?
  B : Yes, as a matter of fact, we're having our housewarming party this Saturday. Can you make it?
   그래, 사실 이번 토요일에 집들이를 하려고 해. 올 수 있니?

4. "검사"는 "prosecutor"라고 하며, "Attorney General"은 "검찰총장"에 해당한다.
 참고로, 미국은 "법무부(the Department of Justice)"도 검찰총장이 지휘한다.

Words & Expressions

offense : 과오. 동사는 offend
nephew : 조카(남), 여자조카는 niece
wrist : 손목
reconciliate : 화해하다 = make up
to break the ice : 어색한 분위기를 깨다
house-warming party : 집들이
political parties : 정당
out on bail : 보석으로 석방되다
to get off : (처벌에서) 벗어나다

Comic #7

왈순아지매/중앙일보/98년 11월 17일

3. "하필"이라는 우리말을 문맥에 맞게 영어로 옮기기는 쉽지 않다. 여기서는 "Why of all ~"이라는 표현을 사용해서 세상에 많고 많은 일들(occasions)이 일어나는데 그 중에서도 말이 많다라는 식으로 옮길 수 있겠다. 이 표현의 어감을 좀더 이해하기 위해서 다른 예를 들어 살펴보자.

    ex) Why of all the people in the world did I have to meet Joe?
        왜 세상에 많고 많은 사람들 중에서 Joe 같은 인간을 만나야만 했을까?

    Why of all the restaurants in New York did we have to come to this one?
    하필 New York의 많고 많은 식당 중에서 이곳에 오게 됐을까?

    Why of all times did you choose today to come and see me? Today is my busiest day of the week.
    하필 왜 오늘 저를 만나러 오셨나요? 오늘이 일주일 중 가장 바쁜 날입니다.

4. "분홍색은 싫어요"라는 표현은 분홍색은 마음에 들지 않는다는 점에서 "I don't care for pink!"라고 할 수 있는데, "to care for something"은 "무엇을 좋아한다(like)"는 뜻이다.

    ex) A : Would you like a cup of coffee?
        커피 한 잔 드시겠어요?

B : I don't care for coffee, thank you. Do you have tea?
고맙습니다만, 커피는 싫어요. 홍차 있나요?

혹은, "분홍색은 나에게 어울리지 않는다"는 의미로는 "Pink is not my color!"라고 할 수 있다.

ex) A : How do you like this suit on me? Tell me honestly.
이 양복이 나한테 잘 어울린다고 생각하니? 솔직히 말해봐.
B : Well...your complexion is a little dark. I don't think pink is your color. How about navy?
글쎄... 너의 피부색은 조금 검은 편이니까, 핑크색은 너한테 안 어울리는 것 같아. 진한 감색은 어때?

CULTURE WINDOW

Color Idioms

부러움, 질투를 표현하는 데는 "green"이 쓰인다.
ex) Whenever I see Jane with him, I get green with envy.

화, 분노의 비유적인 "red"이다.
ex) When I think about all the needless pollutions of the environment, I see red.

몸이 "건강한(in good condition, healthy)" 상태는 "in the pink"라고도 한다.

 ex) A : You look like you're in the pink?
    몸이 좋아 보인다
  B : Absolutely, a week in Hawaii did the trick.
    물론이지, 일주일간 하와이에 갔다 온 덕이야.
  * to do the trick: to bring about the desired result

Words & Expressions

clothing : 의류, 모든 종류의 옷을 뜻하는 단어이므로 복수로 쓰이지 않는다.
   (ex. furniture, equipment 등)
suit : 양복 정장 한 벌, 소송(동사 sue의 명사형)
pollution : 오염
environment : 환경
absolutely : exactly나 of course처럼 강한 긍정의 대답으로 쓰인다.

1. 경제에 관한 "미래에 대한 예상(a prediction for the future)" 이라는 점에서 "전망"은 "outlook"가 무난하다.

    ex) A : What is your opinion on the economic outlook of this coutry?
        이 나라의 경제 전망에 대한 당신의 견해는 어떻습니까?
      B : I'd say that changes are quite good that we will be in full recovery by the end of this year.
        모든 변화들은 무척 순조롭고 따라서 연말까지는 완전히 회복되리라고 말할 수 있습니다.

    Lily's parents permitted the marriage because they felt that his future prospects were good.
    Lily의 부모님은 그 친구의 전도가 유망하다고 생각했기 때문에 결혼을 허락했다.

"낙관적(optimistic)"이라는 표현은 비유적으로 "rosy(장미빛)"라고 하기도 한다. 반대 개념은 "gloomy"라고 할 수 있다.

    ex) A : That Janet, she's such an optimistic person.
        Janet, 저 여자는 정말 낙천주의자야.
      B : Yeah, she sure has a rosy view of life.
        맞아. 그 친구는 인생에 대해 낙관적이지.
      A : On the other land, you have such a gloomy view of life.
        반면에, 너는 부정적인 인생관을 갖고 있지.

B : I guess you can say that.
그런 것 같아.

3. "하루 넘기기"라는 표현은 "겨우 살아갈 만하다(to manage on the least amount)"라는 의미로 "get by"라는 표현이 가능하다.
To get by = to manage on the least amount

ex) With the money we have left, we'll get by for another month or so.
남은 돈으로 한 달 정도는 더 지낼 수 있을 거야.

또한, "숨차다"라는 표현은 "to be out of breath, to be tired"로 옮길 수 있다.

ex) A : Why are you so out of breath?
왜 그렇게 숨이 차니?
B : I just ran here all the way from the park.
공원에서부터 여기까지 계속 뛰어왔어.

4. "가계부"는 가정 관리를 위한 "장부(books)"라는 의미로 "household books"라는 표현이 가능하며, 장부는 "ledger"라고도 한다.

ex) The IRS confiscated all our books and is doing a full audit on the cash flow of this business.
IRS는 모든 장부들을 압수하여 이 사업의 자금 유출입에 대한 전면적인 감사를 실시하고 있다.

Words & Expressions

prospect : 전망, 가망
You can say that(again) :
　　상대방 말에 대한 동의를 표현한다.
IRS = Internal Revenue Service
　　: 미국의 국세청
confiscate : 압수하다, 몰수하다
　　(seize)
audit : 감사
cash flow : 자금 유출입

Comic #9

왈순아지매/중앙일보/98년 11월 22일

1. "의혹(suspicion)을 받고 있다"는 의미는 "under suspicion"이라는 표현이 적절하다.

   ex) He hasn't been arrested yet, but he's under strong suspicion of the crime.
   아직 체포되지는 않았지만, 그는 그 범죄에 관한 강력한 혐의를 받고 있다.

   유사한 표현으로는 "under a cloud"가 있다.

   ex) The cop is under a cloud that he's been taking bribes from merchants.
   그 경찰관은 업자들로부터 뇌물을 받아 왔다는 혐의를 받고 있다.

   한편, "핵"이라는 어휘의 문맥상의 의미는 "핵시설(nuclear facility, nuclear complex)"에서 이루어지는 "핵 개발 내지 핵무기 개발(nuclear development program)" 등의 일체의 행위를 의미하므로 "nuclear activity"가 무난하다.

2. "괴"라는 의미는 정확한 정체를 모른다는 의미로 파악하여 "unidentified" 혹은 "mysterious"라고 표현할 수 있다. 한편, 간첩선은 흔히 "spy ship"이라고 한다.
   "강화도에"라는 우리말을 좀더 정확히 풀어 생각하면 "강화도 해안 부근에(in the waters near Kanghwa-do)"로 파악하고 "off the coast of"라는 표현을 쓸 수 있다.

ex) The ship crashed off the coast of Alaska spilling millions of gallons of oil into the ocean.
그 배는 Alaska 근처의 해안에 좌초되었고 수백만 갤런의 원유를 바다로 흘려 보냈다.

3. 문맥상 "권력"이라는 어휘는 "정치적인 권력을 장악하고 있는 사람들이나 집단(the people and institutions that hold political power)"이라는 의미이므로 "power structure"가 적당하다.

또한, "붉그레한 사람"은 정치적인 친공(pro-communist) 내지 공산주의자(communist)를 의미한다. "Red"라는 어휘(대문자에 유의)를 형용사나 명사적으로 쓸 수 있다.

ex) During the 1940's, many Hollywood directors and stars were banned from the industry because they were suspected of being Red.
1940년대 할리우드의 많은 감독과 배우들은 공산주의자라는 의심을 받아 영화계로부터 배척당했다.

4. "먹고 살기 바쁘다"는 표현은 생계를 꾸려간다는 의미의 "to make a living"을 이용해서 "to be busy making a living"이라고 할 수 있다. 비슷한 표현으로는 "to make ends meet"를 들 수 있다.

ex) I'm so busy trying to make ends meet these days. I don't have any time to meet friends.
나는 요즈음 먹고 살기에 너무 바빠서 친구를 만날 시간도 없다.

"안보(natioal security) 불감증"이라는 표현은 문맥상 먹고 사는 데 전념하게 됨으로써 결과적으로 "소홀히 생각하게 되었다 (weaken or give up)"는 의미로 파악하여 "to compromise"라는 동사를 이용하여 표현할 수 있다. "Compromise"는 명사로도 이전의 주장이나 요구를 포기한 "타협"을 의미한다.

ex) The labor and management has reached a compromise.
노사간은 타협점에 이르렀다.

Words & Expressions

cop : 경찰, 경찰관
bribe : 뇌물
crash : 부서지다, 충돌하다, 추락하다
spill : 흘리다
ban : 금지하다
labor & management : 노사
compromise : 타협

1. "1년 동안"은 일년 내내 정도로 의역하여 "all year long"이 적당하다.

어법상 "all"을 비롯하여 "thisthese, thatthose, last, next"로 시작되는 시간에 관한 부사구는 전치사를 써서는 안 된다. 즉, 이 경우 "year"만을 생각하여 "in"이라는 전치사를 사용하는 것은 잘 못된 어법이다.

    ex) I sat in front of the computer all day long.
    하루종일 컴퓨터 앞에 앉아 있었다.

2. "편했던"이라는 표현은 "1년 동안 고생한 개미"와의 대구적·상대적인 의미라는 점에서 "시간을 낭비했다"로 해석하여 "to waste away time"으로 옮길 수 있겠다.

이 경우, "away"의 개념은 한정된 양이나 시간 따위의 점진적·진행적인 "감소"를 의미한다.

    cf) to fritter away, to squander away, while away, melt away, etc.

    ex) The prodigal son returned home after squandering away all of his inheritance.
    그 방탕한 아들은 유산 모두를 탕진해 버리고 집으로 돌아왔다.

The chemotherapy patient slowly wasted away as the treatment prolonged.
화학 요법을 받고 있는 환자는 치료가 길어짐에 따라 서서히 야위어 갔다.

3. "엉터리"라는 의미는 내용 진행상 이솝 우화의 교훈적 결과를 부정하는 것이므로, "말도 안되는 소리(foolish, insincere, exaggerated talk; nonsense)" 쯤으로 해석될 수 있다. 따라서, 다소 거칠긴 하지만 "bullshit"라는 표현이 가장 적당하다. 비슷한 상황에서 쓰일 수 있는 다른 표현으로는 "This is a joke!", "This is a fake!", "This is a sham!" 등이 있다.

4. "죽도록 일하고"라는 표현은 "무척 열심히 일한다(to work very hard)"는 의미의 비유적인 표현이므로 "to work one's finger to the bone"이나 "to break one's back or neck" 같은 표현들이 어울린다.

    ex) She worked her fingers to the bone to support her son through college.
        그녀는 아들을 대학 공부 시키기 위해서 뼈빠지게 일했다.

또, "이대로"라는 표현은 "지금 그대로의 상태(in its present condition)" 혹은 "변함없이(unchanged)"라는 의미이므로 "as it is"가 어울린다. "as is"도 같은 의미로 쓰인다.

    ex) A : This used car is for sale at an incredible price.
        이 중고차는 아주 좋은 가격에 나온 매물이야.
      B : I know, but there's a catch. You have to take it "as is".
        나도 알아, 하지만 함정이 있어. 현재 상태 그대로 사야 돼.

Words & Expressions

fritter, squander : 낭비하다
prodigal : 낭비하는, 방탕한
treatment : 치료
prolong : 지속되다
surpport : 부양하다, 지원하다
for sale : 판매용
      cf) on sale : 할인 판매중
catch : a hidden difficulty or unpleasant requirement
(겉으로 드러나지 않은 문제나 마음 내키지 않는 조건 따위)

1. "국군 포로"는 전쟁중 포로가 된 사람들이므로 "prisoner of war (POW)"라는 어휘로 표현될 수 있다. 참고로, "양심수"는 "prisoner of conscience", "정치범"은 "political prisoner"라고 한다.

> ex) President Kim Dae Jung was a prisoner of conscience for many years.
> 김대중 대통령은 여러 해 동안 양심수로 지냈다.

2. "전향"이라는 개념은 글자 그대로의 의미, 즉 방향을 바꾼다는 개념으로는 "conversion, turning, change direction, switching course" 등의 표현이 가능하지만, 정치적인 사상이나 견해(views)를 바꾼다는 의미로 "to renounce one's views" 혹은 "to swing to the right left"라는 표현이 적절하다.

> ex) Your life will be spared if you renounce your God and his teachings.
> 하느님의 말씀을 포기, 부정한다면 목숨은 건지게 될 것이다.
>
> I used to be a real conservative but I swung to the left over this issue.
> 예전에 나는 정말로 보수주의자였지만 이 문제에 관해서는 좌파의 입장으로 돌아섰다.

또한, "검토(consideration)"는 "검토 고려 중에 있다"는 의미이므로 "under consideration"이라고 할 수 있다.

   ex) The issue is being considered by the committee now.
   그 문제는 위원회가 검토중이다.

3. 내용상 "덤"이라는 표현은 "보통의 상태보다 많은(more than the usual)", "추가적인(additional)" 좋은 것을 더 준다는 의미이므로 "bonus"라는 표현이 어울린다. 덤으로 더 준다는 표현으로는 "to throw in"을 들 수 있다.

   ex) If you buy a 6 pack of soap today, we will throw in two more.
   오늘 비누 여섯 장을 사면 두 장을 더 드립니다.

4. "분홍색 인사"는 요즈음의 색깔론에서 지칭되는 친공(pro-communist) 내지 공산주의자(communist)를 의미하므로 "Red"를 명사로 쓰는 것이 어울린다.

   ex) The Red Army was defeated by Allied Forces.
   공산군은 연합군에게 패배했다.

Words & Expressions

conscience : 양심
spare : 용서하다, 구제하다
conservative : 보수주의자, 보수적인
teachings : 교리, 가르침
renounce : 단념하다, 부인하다
to swing to the left/right~ :
좌/우 파의 입장으로 돌아서다
Allied Forces : 연합군
(ally란 어휘는 동사로 쓰일 때에는 [əlái], 명사로서는 [ǽlai]로 발음된다.)

1. 전기, 수도, 가스 등을 포함하는 단어는 "utility"이며, 따라서 "공공 요금"은 "utility rate"라고 할 수 있다. 요금이라는 개념으로서의 "rate"는 일정한 기준에 따라 요금이 변하는 경우에 사용한다. 예를 들어, 호텔의 숙박료는 그 방의 크기나 침대의 크기에 따라 달라지므로 "room rate"라고 한다.

> ex) A : How much is the rent on this place?
> 이 집 월세가 얼마지?
> B : It's only $500 and utilities are included.
> 전기세 같은 요금들을 포함해서 500달러야.
> A : Wow! That's a great deal, especially for this area.
> 와, 이 지역에서는 꽤 괜찮은데.

"줄줄이"라는 말은 "줄마다 다, 모두"라는 의미와 "연달아서"라는 느낌을 살려 "one after another" 혹은 "one by one"이라고 할 수 있다.

> ex) One after another the students started to leave the class.
> 한 명씩 줄줄이 학생들이 수업을 끝내고 나가기 시작했다.

"뛴다"라는 의미는 증가한다는 의미이므로 "rising"이나 "increasing"이 적당하고, 그 밖에 재미있는 표현으로는 "skyrocketing"이 있다.

> ex) In the interntional money market, the dollar is showing a rising trend.

국제 금융 시장에서 미 달러의 가치가 올라가는 추세를 보이고 있다.
Due to rumors of a merger, the Microsoft stock has skyrocketed overnight.
합병에 관한 소문 때문에, Microsift사의 주식이 밤새 뛰어올랐다.

2. "야단" 혹은 소란 등의 의미를 갖는 적절한 영어 어휘는 "commotion"이다. 그 이외에도 "clamor"나 "uproar" 같은 어휘들도 비슷한 상황에서 쓰인다. 또한, "큰일났다"라는 우리말 표현에 해당하는 가장 흔한 표현으로는 "There's going to be trouble!"이 있다.

ex) A : Did you see the news report on the new tax hike?
세금 인상에 관한 뉴스 봤어?
B : I sure did. There will definitely be some clamor over this!
그래. 분명히 떠들썩할거야!

3. "IMF 온 지 일 년"은 IMF 시기가 시작된 지 일 년이 되었고, 아직 끝나지 않은 상태, 즉 "one year since the beginning of something that hasn't ended yet"를 의미하므로 시간의 흐름이나 결과를 의미하는 전치사 "into"를 사용하여 "One year into~"로 간략하게 표현할 수 있다.

ex) Ten minutes into the lecture, the students were already falling alseep.
강의가 시작된 지 10분 만에 학생들은 졸고 있었다.

4. "허리를 졸라맨다"라는 우리말 표현은 영어로도 "to tighten one's belt"라고 하고, 그 의미에 있어서도 "이전보다 더 절약한다 (to manage to spend less money)"는 같은 뜻으로 쓰인다.

   ex) The times are hard, we have to tighten our belts.
   어려운 때이므로 허리띠를 졸라매야 한다.

그 밖에도 "to make do with less ~"라는 표현도 비슷한 상황에서 쓰인다.

   ex) Because of the pay cut, our families will have to make do with less.
   감봉 때문에 우리식구들은 덜먹고 덜 써야만 할 것이다.

Words & Expressions

Great deal! : 아주 좋은 가격이다!
sky rocketing : 급증가
rising trend = on the rise
merger : 합병
tax hike : 세금 인하
clamor : 난리, 야단
pay cut : 감봉

Comic #13

Mr. PIPI/조선일보/98년 11월 26일

1. "한파"라는 표현은 "a cold wave" 혹은 "a cold front"라고도 한다.

ex) A cold wave swept the country this weekend.
이번주 한파가 전국을 휩쓸었다.

참고로, "특정 기간 동안의 이상 고온 현상(a period of unusually hot weather)", 즉 "혹서"는 "heat wave"라고 한다.

ex) The heat wave has been blamed for 12 deaths of senior citizens in the city thus far.
혹서로 인해서 이제까지 12명의 노인들이 사망했다.

2. 날씨에 관해서 "혹독"하다는 의미로서는 "severe"라는 어휘가 가장 잘 어울리며, 추운 겨울 날씨는 "freezing"하다고도 표현한다.

ex) A : Boy, it's freezing out!
야, 정말로 바깥 날씨가 추워!
B : You can say that again. This is the severest winter in 13 years.
정말 그래, 13년 만에 가장 추운 겨울이야.
* You can say that again. : 상대방의 말에 대한 강한 동감을 나타내는 표현

3. homeless = vagrant : 걸인, 노숙자

    ex) A : Did you see the homeless man panhandling at the corner?
        길 모퉁이에서 구걸하는 걸인 보았니?
      B : Yeah, I felt so sorry for him that gave him a buck.
        응, 너무나 안쓰러워서 1달러를 주었어.
      A : Oh, you shouldn't give to vagrant. It can be dangerous.
        걸인에게 돈을 주어서는 안돼. 그것은 위험해.

4. "인동초도 아닌데"라는 표현은 내용 전개상 "인동초처럼 봄까지 겨울을 이겨내기 힘들다"는 의미로 해석될 수 있다. 따라서, "긴 동면에 들어간다(to enter a period of long sleep)", 혹은 "겨울을 지낸다(to pass the winter)"는 뜻을 가지고 있는 "to hibernate"라는 동사를 사용할 수 있다.

    ex) The Brown Bear of North America hibernates 5 months out of the year.
        북미의 황색곰은 일년중에 5개월을 동면한다.

Words & Expressions

to blame : 탓하다
senior citizen =elderly : 노인
homeless = **vagrant** : 걸인, 노숙자
to panhandle : 구걸하다
feel sorry for : 안쓰럽게 여기다
a buck : 미화 1달러
out of ~ : ~중에

1. "바닥친다"라는 표현은 경기의 "하락세가 극도로 심하다(to reach the lowest point)"는 의미이므로 "바닥"의 어감을 살려 "to have bottomed out" 혹은 "to have hit rock bottom"라고 하는 것이 어울린다.

> ex) The price of steel has bottomed out last week. This week it's starting to rise again.
> 지난주 철강 주가가 최저치였는데 이번주부터 오르기 시작하고 있다.

비슷한 상황에서 주가 따위의 "폭락"은 "crash"로 표현될 수 있다.

> ex) The stock market crash of 1929 was the beginning of the Great Depression.
> 1929년 미국 주식 시장의 폭락은 대공황의 시작이었다.

2. "진작"이라는 의미는 "boost, stimulate, vitalize, stir up, pep up" 등의 어휘들로 표현될 수 있다.

> ex) In order to revitalize morale we need to keep up our weekly meetings and get togethers.
> 사기 진작을 위해서 우리는 계속 매주 모임을 갖고 만나야 한다.

"to be enforced"에서 to부정사는 신문의 headline 등에서 자주 볼 수 있는 journalistic style이며, 그 의미는 미래, 즉 "will be enforced"이다.

ex) We will strictly enforce the non-smoking policy in the office.
우리는 사무실내 금연 규정을 엄히 강화할 것입니다.

3. 우리말의 "어쨌든"에 해당하는 표현으로는 "anyhow, anyway, at any rate, in any case" 등을 들 수 있다.

ex) In any case, let's get down to business and socialize another time.
자, 어쨌든 본론으로 들어가고 노는 것은 나중에 합시다.
* to socialize : to be with other people in a friendly way, for talking, dining, etc. 사람들과 대화나 식사 등을 통한 사교적인 만남을 갖다.

4. "약간"이라는 표현은 "아주 적은 양(a tiny amount)"이나 정도를 의미하므로 "a bit, mite, smidgen, whit, iota" 같은 단어들로 그 어감을 살릴 수 있다.

ex) A : I really had trouble understanding what Mr. Jackson was saying in the meeting.
나는 Jackson씨가 회의에서 하는 말을 이해하기가 정말 힘들었어.
B : Me too. He didn't make an iota of sense.
나도 그랬어. 그분의 얘기는 조금도 이해가 안됐어.
* to make sense : to be understandable : 이해가 되는

"빠르고 짤막한 떨림이나 움직임(a brief, quick shaking or motion)"을 표현한 "까닥"은 "twitch"라는 어휘로 옮길 수 있다.

ex) I have been standing in this position so long, my legs are starting to twitch.
같은 자세로 오랫동안 서 있었더니 다리가 떨리는군.

He sleeps like a log but he twitches from time to time.
그는 잘 자긴 했지만 가끔 조금씩 움직였다.

Words & Expressions

to bottom out : 바닥치다
stock market crash : 주식 시장 폭락
Great Repression : 대공황
morale : 사기
keep up : 계속 유지하다
socialize : 사회적(사교적)으로 하다

Comic #15

Mr. PIPI/조선일보/98년 12월 2일

As of April of next year, The retirement fund rate will increase by 50%

In a nutshell...

People are freezing in the cold wave...

It's like throwing cold water on them.

1. 시간적인 의미의 "~부터"는 "as of ~"로 표현할 수 있다.

    ex) As of January 1, the new seat belt law will go into effect.
    1월 1일부터 안전 벨트 착용에 관한 새 법률이 효력을 갖게 된다.

    The fine for not buckling up will go up by 50%.
    안전 벨트 미착용에 대한 벌금이 50% 인상된다.

"50% 인상"은 이전의 보험료와 비교하여 50%가 증가했다는 의미이므로 "차이"를 나타내는 전치사 "by"를 사용하여 표현할 수 있다.

    ex) We won the game by 6 points.
    우리는 6점차로 경기에서 졌다.

2. "한마디로"는 글자 그대로 "in a word"라고 할 수도 있고, "in short, to cut it short, in a few words, briefly, concisely" 등의 다양한 표현들이 가능하다. 특히, 조금은 informal한 재미있는 표현으로 "in a nutshell"이라 하기도 한다.

    ex) In short, the project was a total failure.
    간단히 말해서, 그 사업은 완전히 실패했다.

    To cut the story short, his mistake cost the company a million dollars.
    한마디로, 그의 실수는 회사로 하여금 백만 달러의 대가를 치르게 했다.

3. "한파"는 "the cold wave"라고 할 수 있으며, "떨다"라는 표현은 "심한 추위에 얼다"라는 의미의 "to freeze"를 사용하여 비유적으로 옮길 수 있다.

ex) Without a tent or sleeping bag, you could freeze to death.
천막이나 침낭이 없으면 얼어죽을지도 모른다.

4. "찬물 끼얹다"라는 표현은 "용기를 잃게 하다(to discourage, disappoint)" 혹은 "분위기를 가라앉히다"라는 의미로 해석할 수 있고, 영어로도 그대로 "throw pour, dash cold water on something"이라고 표현할 수 있다.

ex) We were really getting excited about the new plan when John brought up money matters and dashed cold water on us.
우리가 새로운 계획에 대해 정말로 흥분해 있을 때 John이 돈 문제를 꺼냄으로써 찬물을 끼얹었다.

비슷한 표현으로 "to let down"이라는 표현도 있다.

ex) When the team lost the game, the players felt they had let their coach down.
경기에 졌을때, 선수들은 감독을 실망시켰다고 생각했다.

Words & Expressions

seat belt : 좌석의 안전 벨트(safety belt)
go into effect : become effective :
실행되다, 적용되다,
발효되다
fine : 벌금
buckle up : (안전 belt를) 매다
to cost : ~에게 대가(희생)를 치르게 하다
(4형식으로 쓰인다)
sleeping bag : 침낭
to bring up : (화제 따위를) 꺼내다,
언급하다
dash = throw : 끼얹다
in short, to cut the story short
: 간단히 말해서, 한마디로 말해서

1. "미사일"이라는 어휘는 그대로 "missile"이라고 하는데 "미사일"이라는 발음은 영국식을 따온 것이고, 미국식 발음은 [misl]이다.

   ex) Washington is trying to convince North Korea to reveal its missile sites.
   미국 정부는 북한으로 하여금 미사일 시설 지역을 공개하라고 설득하고 있다.

2. "불발탄"이란, 터지지 않은 "폭탄이나 총알(a bomb or bullet that fails to explode)"을 의미하므로 "blind shell" 혹은 "dud"라고 할 수 있다.

   ex) A : Did you know that more than 10% of all bombs fired from U.S. Aircraft during the Vietnam War were duds?
   베트남전 동안 미군기가 투하한 폭탄의 10% 이상이 불발탄이라는 사실을 아니?
   B : Is that right? What happened to all those blind shells?
   그래? 그 불발탄들이 전부 어떻게 됐니?
   A : Well, some still continue to go off even after 20 years since the end of the war.
   전쟁이 끝난 지 20년이 지난 지금도 여전히 일부는 폭발하고 있어.

참고로, "dud"라는 표현은 예상대로 되지 않은 "실패한 일(a failure)"을 뜻하기도 한다.

ex) The movie was a dud from the beginning to the end.
그 영화는 처음부터 끝까지 완전한 실패작이었다.

3. "조명탄"은 "flare" 혹은 "flare bomb"이라고 한다.

ex) We only have 2 more flares left. We will need them to signal the rescue choppers.
이제 조명탄이 두 발 더 남았다. 헬기에 신호를 보내기 위해 필요할 것이다.

4. "셋 다 맞았어"라는 표현은 세 발을 쏘아 세 발 모두 명중시켰다는 의미이므로 "three for three, three out of three", 혹은 "three of three"라고 표현할 수 있다.

ex) A : I hit the bull's eye three times in a row.
세 번 연속해서 과녁의 한가운데 명중했어.
B : You're hot tonight! You're three for three!
오늘밤 너 정말 대단하구나! 세 발 모두 명중이야!
* hot : doing or performing well

또한, "천 국방"은 "천용택 국방장관"을 의미하므로, 장관(Minister)의 호칭을 사용하여 표현할 수 있고, 국방부는 "Ministry of Defense"라고 한다. 결국, 국방장관은 "Defense Minister" 혹은 "Minister of Defense"라고 할 수 있다.

참고로, 미국의 장관은 "Secretary", 부는 "Department"라고 한다.

ex) Former Defense Secretary will spend the next 3 days in South Korea getting opinions on US policy with North Korea.
전 국방장관은 미국의 북한에 관한 정책에 대한 의견을 수렴하기 위해 앞으로 3일 동안 한국에 머물 예정이다.

Words & Expressions

chopper = helicopter : 헬기
convince = pursuade : 설득하다
go off = explode : 폭발하다
flares : 조명탄
bull's eye : 정 가운데

1. "추락"이나 하학의 의미는 "drop, fall, sink, dive, plunge, plummet, crash" 등의 다양한 어휘들로 표현될 수 있다.

   ex) The drop in interest rates will induce spending.
   이율이 떨어지면 소비를 유발시킬 것이다.

   The Dow Jones Industrial Index took a dive today as fear of a world-wide recession set in.
   Dow Jones 지수는 전세계적으로 불황이 시작되리라는 우려 때문에 곤두박질쳤다.

   On Black Monday of 1987, the New York Stock Market plummeted.
   1987년 Black Monday라고 불리는 10월 17일, New York의 증시는 폭락했다.

2. "폭락"이라는 표현은 "sudden, sharp" 등의 형용사를 덧붙여 그 어감을 살릴 수 있다.

   ex) The oil price is on a sharp rise.
   유가가 폭등하고 있다.

3. "식상하다"라는 말은 같은 것에 대해서 그것이 "되풀이되어 물린다"는 의미이므로, "to be fed up, be tired of sick of" 등이 어울

린다.

ex) I am tired of the same old routine of my job.
나는 매일 똑같은 오래된 일들이 지겹다.

I am fed up with the bureaucratic red tape involved in getting a simple Loan.
나는 간단한 대출을 받는데 관련된 형식적인 절차에 질렸다.

4. "시청료라는 개념은 미국적인 환경에서는 유사한 표현을 찾을 수 없고, KBS의 영문 홍보 자료에 의하면 "TV license fee"로 표현되어 있다. 참고로, 시청률은 "viewer rating"이라고 한다.

우리 나라와 미국의 방송국 이름들을 풀어써 보면…

KBS : Korean Broadcasting System
MBC : Munhwa Broadcasting Corporation
SBS : Seoul Broadcasting System
EBS : Educational Broadcasting System
AFKN : American <u>Forces</u> Korea Network
        (Korean이 아님)
美**ABC** : American Broadcasting Company
NBC : National Broadcasting Company
CBS : Columbia Broadcasting System
CNN : Cable News Network

Words & Expressions

to induce : 유발시키다, 야기하다
index : 지수, 색인
recession : 경기 침체(downturn)
to set in : 시작하다
routine : 매일 하는 일, 일상적인 일들
viewer rating : 시청률
bureaucratic : 관료주의적인
red tape : 비합리적인 관리 절차
to be fed up with ~
　　　= to be sick of ~
　　　= to be tired of ~
　　　: ~에 질렸다, 물렸다
loan : 대출

Comic #18

나대로/동아일보/99년 2월 12일

ran into a burning building.

a model public servant who carried out office equipment.

Because it was a cabinet containing tens of millions in bribe money.

2. "불길 속을 뛰어들어가"라는 표현은 불이 난 건물 속으로 뛰어들어간 것이므로, "to run into a burning building" 정도로 옮길 수 있다. 우리말의 "불길"에 해당되는 표현으로는 "engulfed in flames, going up in flames"가 비슷한 어감을 전달할 수 있겠다.

> ex) The mother lifted the car engulfed in flames with superhuman strength to save her child.
> 그 어머니는 자식들을 구하기 위해 초능력적인 힘으로 화염에 휩싸인 자동차를 들었다.
>
> The 20-story building went up flames before we knew it.
> 어느새 그 20층 건물은 불길에 휩싸였다.

"모범 공직자"에서 "모범"은 "an example, a model" 등의 어휘로 옮겨 볼 수 있다.

> ex) A model employee is always on time and never complains about company procedures.
> 모범적인 직원이라면 항상 시간을 지키고 회사의 업무 절차에 불평하지 않는다.

또한, "모범을 보이다"라는 표현은 "to set an good example"이라고 할 수 있다.

ex) She is a good worker ; she sets an example for others in her company.
그녀는 모범 직원이다(다른 직원들에게 본이 되는 사람이다).

3. "사무실 집기"는 "office equipment, an article of furniture, utensil, appliance" 등의 어휘들을 떠올려 볼 수 있다. 특히, sink나 전등(lights) 같은 고정된 것들은 "fixtures" 혹은 "fittings"라고 한다.

ex) When moving, you are allowed to take any equipment that is not a fixture of the building.
이사를 할 때에는 건물의 고정 시설이 아니라면 어떤 집기들도 가져갈 수 있다.

4. "수천만 원"의 "수천만"은 정확한 수치가 아닌 비유적인 표현이므로, "tens of thousands of"가 어울린다.

ex) The value of the stolen jewels is estimated to be in the tens of millions of dollars.
도난당한 보석은 수천만 달러의 가치가 있는 것으로 추정된다.

Words & Expressions

engulfed in flames : 화염에 휩싸인
super human = super natural
　　　　: 초능력적인
procedure : (업무상의) 절차, 처리 과정
　cf) SOP : Standard Operating Procedure
　　회사내의 업무 처리 표준 설명서
to estimate : 추정하다
tens of hundreds
　　　　: 수천의 (thousands of)
tens of thousands : 수만의

Comic #19

장도리/경향신문/98년 11월 30일

2. "노숙자"는 길에서 자는 사람, 즉 집이 없는 사람이라는 의미이므로 "the homeless"라고 할 수 있으며, "street people"이라고도 한다. "수용소"는 비슷한 의미로 쓰이는 여러 단어들이 있지만 "homeless"와 함께 쓰이는 어휘는 "shelter"이다.

> ex) The lines in front of the homeless shelter get longer and longer as the winter progresses.
> 겨울철이 되고 시간이 흐름에 따라 노숙자 수용소 앞의 줄은 점점 더 길어져 간다.

> 한편, 폭격이 있을 때 대피하는 곳은 "bomb shelter"라고 한다.

> ex) There are many memories from my childhood of sirens and dashes to the bomb shelter.
> 어렸을 때 들리던 사이렌 소리와 대피호로 달려갔던 많은 기억들이 있다.

> 또한, "a shelter for battered women(학대당하는 여성들을 위한 피난처)" 같은 표현에서처럼 "shelter" 혹은 "safe house"는 "은신처"나 "피난처"라는 의미로도 쓰인다.

> ex) Abused women and their children are moved from one secret shelter to another in order to protect them from the violence of their husbands.
> 학대당하는 여성들이나 그 자녀들은 남편들의 폭력으로부터 보호받기 위해 비밀 은신처를 옮겨 다닌다.

ex) The FBI put up their informants in various safe houses.
FBI는 정보 제공자들을 여러 안가들에 묵게 했다.

3. 영어로 옮긴 표현에서 보여지는 "when"은 단순히 때를 나탄낸다기 보다는 "~할진대" 정도의 의미를 갖고 있다.

ex) Why should I be so nice to her when she doesn't even acknowledge me?
나를 보고 심지어 아는 척도 안하는데 왜 내가 그녀에게 친절해야 하나?

4. "안방 출입 금지"에 해당하는 미국의 법원 명령은 "restraining order(접근 금지 명령)"이다.

ex) He is currently under a court restraining order. He must stay at least 100 yards away from his wife at all times.
그는 현재 법원의 금지 명령을 받고 있다. 항상 부인으로부터 100야드 이내로 접근해서는 안 된다.

Words & Expressions

shelter : 피난처, 수용소
acknowledge : 아는 척하다, 인식하다
court restraining order :
　　접근 금지 명령
battered = abused : 학대당한
violence : 폭력
informant : 정보 제공자
　　cf) snitch : 밀고자
put up : 숙박시키다, 묵게 하다
safe house : 안가, 아지트, 연락처

1. 어두운 이 시절 지나면 : 어두운 시절은 "dark era"로 표현할 수 있는데 본래는 역사적인 관점에서 쓰이던 표현이다(a period in history without hope, knowledge or enlightenment). 특히, 유럽 역사에 있어서의 소위 "암흑기"를 칭하는 고유 명사로도 쓰인다 (general term for the centuries of decline in Europe from 500-1000, after the fall of the Roman empire., before the middle ages began in 1000)

> ex) Culture and art declined during the dark ages, and few historical records were kept of that time.
> 암흑기에는 예술과 문화가 침체되고, 당대의 역사적 기록은 거의 남아있지 않다.

3. "빛본다'는 의미는 영어로도 "See the light"라고 옮길 수 있고, 그 의미는 우리말과 마찬가지로 "세상에 태어나다(be born into the world)"라 비유적인 의미로도 쓰인다.

> ex) Algebra was always difficult for me, but after taking this class, I began to see the light.
> 대수학은 항상 어려웠지만, 수업을 듣고 난 후 이해할 수 있게 되었다.

4. "붐"은 "성장이나 증가(to grow or flourish; develop rapidly)"의 의미를 갖고 있다.

ex) The oil business is booming.
원유 사업이 호황을 누리고 있다.

참고로, "Baby boomers"라는 표현은 제2차 세계대전 이후부터 1960년대 초기에 태어난 세대(those born between after WWII and the early 60's)를 뜻하는 말이다.

Dark의 어감은 캄캄하지 않아...

영어에서의 "dark"라는 단어는 다양한 어감을 갖는다.

ex) The people were kept in the dark about the nuclear experiments being done right off their coast.
국민들은 근해에서 있었던 핵실험들에 대해 무지한 상태였다.

이 예문에서 "in the dark"는 "state of ignorance, kept secret", 즉 "모르는 혹은, 비밀로 감추어진 상태"를 의미한다.

ex) No one knew about the dark purpose that the king had in mind.
아무도 왕의 심중에 숨겨진 악의를 알지 못했다.

이 예문에서 "dark"는 "사악하다(concealed, evil of wicked, sinister)"는 의미이다.

ex) Turkish coffee has a pleasant aroma and dark robust flavor.
터키산 커피는 좋은 향과 깊은 감칠맛이 있다.

이 경우의 "dark"는 긍정적인 어감으로서, "깊이 혹은 풍부함이 있는(having richness, or depth)" 감칠맛 나는 느낌이다.

Words & Expressions

declined : 침체되다
dark ages : 암흑기
see the light = understand
　　　　: 이해하다
booming : 호경기의, 대인기의

1. "올라와"는 "get on"이 적절한데, 이 표현은 승용차를 제외한 모든 종류의 교통 수단에 사용할 수 있다. 승용차의 경우는 "to get in/out"을 사용한다.

> ex) Hurry up and get on the bus, or it will leave without you!
> 서둘러 버스에 타세요, 아니면 그냥 갑니다.
>
> Get in the car, I am in a rush to leave.
> 차에 타세요, 저는 지금 급히 떠나야 합니다.

한편, 그림에서 보이는 시소(seesaw)는 동사로 "반복되는 변화나 변동 상태(to move up and down or back and forth)"를 의미한다.

> ex) The unemployment figures seesawed during this quarter, and ended up about the same as the end of the last quarter.
> 실업에 관한 수치들이 이번 분기 동안은 자주 변동했다.

3.-4. "셋 다 모여도 한 명보다 못해"는 "어떠한 대상과 동등하다(to be equal to someone or something)"는 의미를 갖는 "to measure up to someone or something"이라는 표현을 살려 "All three cannot measure up to one." 정도로 표현할 수 있겠다.

ex) No matter how hard Jack tries, he can never measure up to his brother's accomplishments.
Jack이 아무리 열심히 노력해도, 그의 형의 행적에 대등하게 될 수는 없다.

혹은 "to compare with~"를 사용해서 표현할 수도 있다.

ex) This work cannot be compare with his earlier work.
This one is far better.
이 작품의 그의 이전 작품과는 비교할 수도 없을 만큼 훨씬 훌륭하다.

He set the world record for the 100meter dash.
그는 100미터 단거리 경주에서 세계 신기록을 세웠다.

CULTURE WINDOW

미국의 법과대학원(law school)의 3년 과정을 마치면 J.D.(Juris Doctorate Degree)라는 학위를 받게 되지만, 주마다 시행되는 Bar Examination이라는 변호사 선발 시험을 합격해야만 비로소 변호사(lawyer, attorney)로서의 자격을 인정받게 된다.
우리 나라의 재판 과정에서 보여지는 변호사와 검사와의 상대적 관계와는 달리, 미국의 모든 검사와 변호사는 "attorney"라는 호칭을 사용할 수 있으며, 재판 과정에서 피고를 기소하는 입장의 "attorney"를 "prosecutor"라고 부르게 된다.
참고로, 지방 검사는 DA, 즉 District Attorney라고 한다.

Words & Expressions

unemployment : 실업, 실직
quarter : 분기
measure up to =
　　to live up to expectation :
　　(표준 · 이상 · 기대 등)에 미치다
in a hurry = in a rush
　　: 서두르는, 급한
world record : 세계 기록
to set a record : 기록을 세우다

1. "겨우 막았다."라는 표현의 어감은 "barely"라는 부사를 사용하여 "barely contained"라고 할 수 있다. 이때 "to contain"은 "억제하다(to restrain, to keep within limits)"의 의미이다.

> ex) The fire has been contained. It is burning in a 2 mile radius.
> 불길이 잡혔다. 반경 2마일을 태우고 있다.
>
> I just couldn't contain my anger when he talked about my mother like that.
> 그가 내 어머니에 대해 그렇게 이야기했을 때 나는 분을 억누를 수 없었다.

2. '버티다'라는 표현에는 "to hold"가 어울린다. 다양한 의미로 사용되는 "to hold"의 의미를 정리해 보면 다음과 같다.

1. to keep up support (지탱하다)

> ex) Don't put that on the table, it can't hold much weight.
> 그것을 식탁 위에 놓지 마시오, 많은 무게를 지탱할 수 없습니다.

2. to continue, keep steady (유지되다)

> ex) We hope the good weather holds for the weekend.
> 주말 동안 좋은 날씨가 유지되기를 바랍니다.

3. to decide, judge(결정하다)

　　ex) The court held that he must pay a fine.
　　　　법원은 그가 벌금을 내야 한다고 결정했다

3. 검찰은 "prosecution"이며, "수뇌부"는 고위 공무원이라는 의미로 해석하여 "high-level officials"라고 표현할 수 있다.

　　ex) Several high-level officials were irdicted on charges of fraud and fax evasion.
　　　　여러 고위 공직자들이 사기 및 탈세 혐의로 기소되었다.

CULTURE WINDOW

　　미국의 형법상의 절차는 어떠한 혐의를 받게 되면**(suspected)** 영장발부**(to issue a warrant)** 절차를 거쳐 체포되고**(arrested)**, 대배심원단**(Grand Jury)**의 심의 과정을 거쳐 정식으로 기소된다**(indicted)**.
　　이후, 재판에 회부되어**(tried)** 유죄 판결을 받게 되면**(convicted)** 법원의 최종적인 선고를 받게 된다**(sentenced)**.

Words & Expressions

to contain = control : 통제하다
(court) to hold = to decide
 : 결정, 판결내리다
radius : 반경
indict : 기소하다
fraud : 사기, 부정
tax evasion : 탈세

Comic #23

장도리/경향신문/99년 2월 3일

1. "뒤흔들다"라는 표현은 "to rock"이라는 동사가 어감에 잘 어울린다.

    ex) An earthquake rocked Los Angeles at 7:00 this morning.
    오늘 오전 7시에 지진이 LA를 뒤흔들었다.

특히, "to rock the boat"라는 표현은 "평지풍파를 일으키다"에 해당하는 표현이다.

    ex) Look, Tom, everything is going smooth here. Don't rock the boat!
    이봐, Tom, 모든 것이 순조로운데, 평지풍파를 일으키지 말게.

또한, "on the rocks"라는 표현은 다양한 의미로 쓰인다.

    ex) Since the death of the CEO, the business is on the rocks.
    대표 이사가 죽은 이후로 회사는 파경에 처해 있다.
    * on the rocks : state of destruction

    A : Can I get you a drink?
    술 한 잔 하실래요?
    B : Thank you. I'll have a bourbon on the rocks.
    고맙습니다. 저는 얼음에 탄 bourbon 한잔 하겠습니다.
    * 이 문장에서 rock은 얼음이다.

3. "사표"는 "letter of resignation" 혹은 "written statement of resignation"이라고 한다

    ex) If this project isn't successful, I will have your letter of resignation.

        만약 이 사업이 성공하지 못하면, 나는 당신의 사표를 받을 것이오.

한편, 해고장은 "letter of termination"이라고 하거나 "pink slip" 같은 비유적인 표현도 있다.

    ex) I received a letter of termination from the company today.
        오늘 회사로부터 해고장을 받았다

SYNONYMS

abdicate ; renounce ; resign

    Abdicate는 주로 왕권, 주권(**a sovereign of his or her throne**)의 공식적인(**formal**) 포기(**giving up**)를 의미하지만, 때로는 대권(**prerogative**)의 포기(**surrender**)를 뜻하기도 한다.

    Renounce는 보통 "abdicate"와 바꾸어 쓸 만큼(**interchangeable**) 유사한 의미로 쓰이지만, 권리(**right**), 요구(**claim**), 직위(**title**) 등의 자발적인 포기(**voluntary surrender**) 내지는 희생(**sacrifice**)을 암시하기도 한다.

    Resign은 직책(**position**)이나 아직 끝나지 않은 임기(**unexpired term**) 등의 의도적인 중단(**deliberate giving up**)을 공식적으로 통보(**formal notice**)한다는 의미를 함축하고 있다.

Words & Expressions

corruption : 부패
CEO = chief excutive officer : 경영 최고 책임자
Rock the boat : 물의를 일으키다
bourbon : 버번 위스키
letter of resisnation : 사표, 사직서
terminate = fire : 해고하다
hankerchief : 손수건

Comic #24

Mr. PIPI/조선일보/99년 1월 29일

2. "뒷북"은 늦었다는 어감을 살려 "belated"라는 형용사를 떠올려 볼 수도 있고, 비슷한 상황에서 쓰이는 "a step too late, a beat too late, after the fact" 같은 다양한 표현들도 있다.

> ex) I am sorry I missed your birthday. Here's your belated birthday card.
> 당신의 생일을 잊고 지나가서 죄송합니다. 늦었지만 생일 카드를 드립니다.
>
> A : Did Mr. Johnson leave for vacation? I have some important documents for him.
> Johnson씨가 휴가를 떠났니? 그 분에게 드릴 중요한 서류가 있는데……
> B : Well, you are a step too late, John.
> 한발 늦었군, John.
>
> A : The truth is that I was planning to tell her the truth.
> 난 정말로 그녀에게 사실대로 말하려고 했어.
> B : Well, your intentions were good, but she's not going to accept an apology, after the fact.
> 글쎄, 의도는 좋았지만, 한발 늦었어. 사과를 받아들이지 않을거야.

3. 전기, 수도 등의 공공 시설 자원은 "utilities"이며, 특정한 기준에 의해 변화되는 요금은 "rate"가 적당하다. 따라서, 공공 요금은

"utility rates"로 옮겨질 수 있다.

　　ex) A : The rent for this place is $700.
　　　　　집세는 700달러입니다.
　　　　B : Does that include utilities?
　　　　　공익 설비 비용도 포함됐습니까?
　　　　A : Gas and water is included but you have to pay for electricity and telephone.
　　　　　가스와 수도 요금은 포함됐지만 전기와 전화 요금은 당신이 지불해야 합니다.

4. "대책"은 "solution, measure, counter measure" 등의 어휘들로 옮겨질 수 있다.

　　ex) We have to devise a counter measure to the competition's new ad campaign.
　　　　우리는 경쟁사의 새 광고에 대한 대책을 마련해야 한다.

Words & Expressions

belated : 늦은
intention : 의도
document : 서류
apology : 사과
to devise : 고안하다(명사는 device)
competition : 경쟁 상대, 경쟁

Comic #25

나대로/동아일보/99년 1월 6일

1. 우리 나라 "제일은행"의 영어 이름은 'The First Bank"이다.

2. "팔아 치우다"라는 표현은 처분한다는 의미이므로 "to sell off, buy out" 혹은 "to liquidate"라고 표현할 수 있다.

    ex) I had to sell off my car in order to pay my debts.
        나는 빚을 갚기 위해서 차를 팔아야만 했다.

    The court ordered him to liquidate his assets and repay his debt.
    법원은 그의 재산을 처분하여 부채를 갚을 것을 명령했다.

참고로, 기업의 인수 및 합병을 뜻하는 M&A는 merger(합병)와 acquisition(인수)의 약자이다.

    ex) The executives are having a meeting on the progress of the M&A process.
        간부들은 인수 및 합병 과정을 논의하기 위해 회의중이다.

3. 가격을 묻는 표현으로는 "how much ~" 이외에도 "to cost", 혹은 "to go for"가 있다.

    ex) How much does this car cost? = How much is this car going for? = How much is this car going to set me back?
        이 차 가격이 얼맙니까?

4. "제일 싼 가격(cheap price)"은 바닥 가격이라는 점에서 "Rock-bottom price"나 "bargain basement"라는 표현이 어울린다.

>ex) I can't go any lower. This is the rock-bottom price.
>가격을 더 이상 낮출 순 없습니다. 이것이 최저가입니다.
>
>I bought this refrigerator at a bargain basement price.
>이 냉장고는 최저가로 구입했다.
>
>Janie got her wedding dress at a bargain basement price.
>Janie는 가장 싼 가격으로 결혼식 드레스를 샀다.

참고로, 싼 가격으로 물건을 구입한다는 뜻으로 쓰이는 다른 표현을 정리해 보면 다음과 같다.

>I bought this car at a real bargain!
>정말 싸게 이 차를 샀다.
>I got a great deal on a used refrigerator!
>정말 좋은 가격으로 중고 냉장고를 샀다.
>This bicycle was practically a steal!
>이 자전거는 정말로 싼 가격에 샀어!
>There is a 2 for 1 offer on this detergent.
>This is a good buy!
>이 세제는 한 개 가격으로 두 개를 팔고 있어. 정말로 알뜰 구매지.

Words & Expressions

debt : 부채, 빚
  cf) assets & liabilities(자산과 부채)
executive : (경영) 간부
progress : (진행) 과정
basement : 바닥, (건물의) 지하실
  (bargain basement가 "최저가"의 의미를 갖게 된 것은 미국의 백화점들이 주로 건물의 지하층에서 상품을 싼 가격으로 판매했던 관례에서 유래한 것이다.)
liquidate : 처분하다
~ is a steal(bargain) : 싼 가격으로 구입할 수 있는 기회, 혹은 그 물건
~ is a good buy : 우리말의 "알뜰 구매"처럼 평소보다 좋은 조건의 경제적인 구매

Comic #26

Mr. PIPI/조선일보/99년 1월 11일

1. "터트리다"라는 표현은 비밀 따위를 폭로한다는 의미이므로 "to break something wide open, to disclose, to make(go) public" 등의 표현이 가능하다.

ex) Charles discosed the truth about the affair.
Charles는 그사건에 대한 사실을 공개적으로 드러냈다.

The politicians are afraid that this scandal will be broken open by the press.
정치인들은 이 스캔들이 언론에 의해서 터트려질 것에 두려워하고 있다.

Paula Jones went public about her affair with the president.
Paula Jones는 대통령과의 관계를 공개적으로 드러냈다.

2. 좋지 못한 냄새는 "stench, stink, odor" 등의 어휘들이 적절하다. 냄새가 "나다"에 해당하는 동사는 "to cause" 혹은 "give off"가 어울린다.

ex) The stench of rotting fish filled the room.
썩은 고기의 악취가 방 안에 가득했다.

The plant gaves off a strong fragrance
화초에서 진한 향기가 났다.

4. "종기"는 "boil, abscess"라는 어휘가 적절하고, "비리"는 부패가 드러난 사건이므로 "to corrupt"의 명사형을 사용하여 "corruption scandal"이라고 할 수 있다.

    ex) There is an abscess in my gums, and it's killing me.
        잇몸에 종기가 나서 아파 죽겠다.

    Absolute power corrupts absolutely.
    절대 권력 절대 부패

또한 "corrupt"는 형용사로 쓰이기도 한다.

    ex) The police officer is corrupt because he takes bribes.
        뇌물을 받는 그 경찰관은 썩었다.

Words & Expressions

press : 언론(media)
   cf)press conference : 기자 회견
rot : 썩다
fragrance : 향기
gum : 잇몸
absolute : 절대적인
police officer : 경찰관
   policeman/woman이라고 하기보다는 성구별을 피할 수 있는 (gender-neutral) 표현들이 자주 쓰이게 된다.
   ex) a fire fighter : 소방관

1. "가는 길에"는 어떤 곳으로 가는 도중이라는 의미이므로, "on your way to ~"로 옮길 수 있다.

   ex) A : Could you give me a ride to my place on your way home?
   집에 가는 길에 나도 좀 태워 줄래?
   B : Sure, your house is not out of my way at all.
   좋아, 너의 집이 내 방향하고 틀리지 않으니까.

2. "조심하다"는 표현으로는 "watch(look) out, be careful" 등을 들 수 있다.

   ex) Watch out, there's a car coming this way !
   조심해, 차가 이쪽으로 오고 있어!

   Look out for pickpockets during your trip to Malaysia.
   말레이시아 여행 중에는 소매치기를 조심해.

4. "성희롱"은 "sexual harassment" 이외에도 "harassment" 대신에 "abuse"나 "misconduct"를 쓸 수도 있다.

   ex) Sexual harassment or misconduct includes verbal comments as well.
   성희롱이나 성적 비행에는 언어적인 부분도 포함된다.

Sexual abuse of minors are on the rise in the inner city.
미성년자에 대한 성학대가 도심지역에서 증가하고 있다.

"be careful"이라는 표현으로 시작했을 때에는 전치사 "of"를 사용해서 명사를 연결해야 한다. 이것이 전치사 "of"가 갖고 있는 중요한 문법적 기능이다.

ex) to be tired of; be afraid of
I am tired of this dormitory food.
기숙사 음식이 정말 지겨워.

I am afraid to walk home at night.
밤에 집까지 걸어가기가 무서워.

Words & Expressions

out of my way : 돌아가야 하는, ~가는 길이 아닌
misconduct : 비행
pickpocket : 소매치기하다, 소매치기
sexual harrassment : 성희롱
verbal comment : 언행, 언급
inner city = ghetto : 도심, 대도시 중심부의 저소득층 거주 지역
minor : 미성년자
tired(sick) of : ~에 싫증난
  cf) tired with : ~때문에 피곤한
dormitory : 기숙사(dorm이라고 줄여서 부르기도 한다)

1. "운전중(driving)"에 해당하는 유용한 표현으로는 "behind the wheel"을 들 수 있다. 물론 이 표현의 "wheel"은 "a steering wheel", 즉 핸들을 가리킨다.

　　ex) Don't talk to the driver while he is behind the wheel.
　　　　운전하고 있는 사람에게는 말을 걸지 마시오.

　　You should never get behind the wheel after you've had a drink.
　　　　술을 마신 후에는 절대로 핸들을 잡지 마시오.

2. 징역은 "jail term(time)" 혹은 "jail sentence"라고 한다. 약간 속어적인 표현으로는 "전과가 있다"는 의미로 "to serve time"을 쓰기도 한다.

　　ex) He served a 10-year jail sentence for arson.
　　　　그는 방화죄로 10년형을 살았다.

　　Did you know that lance has served time for theft?
　　　　Lance는 절도로 형을 산 경험이 있다는 것을 아니?

또한, "to incarcerate"라는 동사를 이용해서 "감금(imprisonment)"을 표현할 수도 있다.

ex) He was incarcerated when he was a minor.
그는 미성년자였을 때 교도소 신세를 진 적이 있다.

3. "심한 경우"는 "extreme cases"로 표현될 수 있고, "망하다"는 표현은 "to go to ruins" 혹은 "go under" 같은 표현이 적절하다.

ex) In extreme causes, this medication can cause vomiting.
심한 경우, 이 약은 구토를 유발할 수도 있습니다.

The whole plan went to ruins because of you!
당신 때문에 모든 계획이 수포로 돌아갔소!

The company went under due to cash flow problems.
현금이 안 돌아서 회사가 망했다.

Words & Expressions

behind the wheel = while driving
: 운전중

to incarcerate : 감금하다

extreme : 극한

to go bankrupt
to go under   } 회사가 망하다, 파산하다
to go bankrupt
to go out of buisiness

* 여러가지 법률 용어들을 살펴보면...

arson : 방화죄
assault : 폭행죄
contempt of court : 법정 모독죄
crime of riot : 소란죄
fraud : 사기죄
larceny : 절도죄
libel : 명예 훼손죄
acquittal : 무죄 방면
appeal : 항소, 상고
confiscation : 몰수, 압수
custody : 구류, 구치
subpoena : 소환장

#29

나대로/동아일보/99년 2월 5일

1. "입을 열다"라는 표현은 내용상 비밀 따위를 폭로한다는 의미이므로, "to blow the whistle"이라는 비유적인 표현이 어울린다

    ex) The accountant blew the whistle on the tax fraud coverup.
        회계사는 세금 부정 은폐에 대해 입을 열었다.

3. "뛰려던"이라는 의미는 무엇인가 적극적인 행동을 취하려고 했다는 의미로 해석하여 "on the verge of action"이라고 표현할 수 있다.

    ex) I was on the verge of a nervous breakdown.
        나는 거의 신경 쇠약에 걸릴 지경이었다.

4. "족쇄를 채우다"는 표현은 "to put in chains, to shackle" 혹은 "to restrain"으로 해석할 수도 있다.

    ex) The appearance of a secret witness put the lawyer in chains.
        감추어졌던 목격자가 나타나자 변호사는 꼼짝 못하게 되었다.

    The prisoner was shackled for the transfer to a new prison.
        새 교도소로 이감하기 위해 죄수에게는 족쇄가 채워졌다.

Words & Expressions

presidential campaign
: 대통령 선거 운동
cover up : 은폐
on the verge : ~할 지경이다
nervous breack down : 신경 쇠약
witness : 증인
prisoner : 죄수
  cf) prisoner of war(POW) : 전쟁 포로

토막상식

a million : 백만
a billion : 십억
a trillion : 조(a thousand billions)
a zillion(jillion) : 셀 수 없는 무한대의 수

ex) I told you a zillion times not to be late!
(늦지 말라고 수도 없이 말했잖아!)

Comic #30

나대로/동아일보/99년 2월 10일

1. "나라 이 모양으로 만들다"는 "망쳐 놓았다"는 의미이므로 "to make a mess of ~" 혹은 "to make ~ in mess" 등의 표현이 적절하다.

   mess는 "어려운 상태, 위기(troublesome state; chaos)"의 의미로도 쓰인다.

    ex) I am really in a mess.
       정말 힘든 상황에 처해 있어.

또한, mess는 동사로도 쓸 수 있다.

    ex) Everything is messed up.
       모든 것이 엉망이 되어 버렸어.

"to mess around"라는 표현은 "시간을 허비하는, 빈둥거린다(to play with or waste time with someone or something)"는 의미로 쓰인다.

    ex) Stop messing around, and get to work!
       그만 빈둥거리고 일하시오!

2. 내용상 "낯"이라는 표현은 뻔뻔스러움, 배짱의 의미로 해석하여 "nerve", "cheek" 등의 어휘가 어울린다.

ex) You have some nerve showing up here.
뻔뻔스럽게도 너는 여기에 나타났구나.

4. "얼굴이 두껍다"는 표현은 "impudent; audacious" 등의 형용사나 "thick-skinned", "brazen faced"로 표현할 수도 있다.

A : That Thomas is a thick-skinned man. He borrowed $20 from me a month ago, and he never mentions it, even when we pass each other in the halls.
Thomas 라는 친구는 철면피야. 한달 전에 20달러 빌려 갔는데, 복도에서 마주쳐도 말 한마디 없어.
B : I know what you mean.
무슨 말인지 알아.

Words & Expressions

to mess up : 망치다, 엉망으로 만들다
to show up : 나타나다, 출현(석)하다
hall : 복도(hallway)
to borrow : (남의 것을) 빌려 오다
    cf) to lend : (내 것을) 빌려 주다
        to rent : (비용, 대가를 치르고) 빌려 오다, 빌려 주다

2. "옐로 하우스"는 글자 그대로의 뜻이 아니라 창녀촌을 이르는 속어이므로 "Yellow House" 대신에 "whore house, brothel, house of ill-repute" 등으로도 옮길 수 있겠다.

ex) Nevada is the only state with legal houses of ill-repute.
Nevada 주는 합법적인 매춘 시설이 있는 유일한 곳이다.

참고로, 매춘은 "prostitution" 혹은 "street-walking"이라고 쓰며, "매춘부"는 "prostitute, hooker" 등으로 표현한다.

3. TV나 radio의 광고는 "commercial"이라고 하며, "출연하다"는 "to star"라는 표현이 적절하다.

또한, 어떤 상품의 공식적인 광고를 맡은 사람을 "a spokesman (or woman)"이라고도 한다. 좀더 고급스러운 표현으로는 "product endorsement"라고도 한다. 이때, to endorse란 "무엇을 보증하다, 시인하다"라는 의미가 있다.

ex) After Michael Chang won the French Open, he received a million dollar product endorsement deal from Nike.
Michael Chang은 French Open 경기에서 우승한 후 Nike로부터 백만달러짜리 광고 섭외가 들어왔다.

Michael Jordan is the official spokesman for Nike.
마이클 조던은 나이키의 공식 광고 모델이다.

4. "때와 장소를 가리지 않는다"는 표현은 언제, 어디에서건 가능하다는 의미이므로, "anytime, anywhere...." 혹은 "you name the time and place"라는 표현이 가능하다.

    ex) A : Janice, you owe me a dinner, don't you?
          Janice, 너 나한테 저녁 사야 되지?

        B : Sure do. You name the time and place! Money is no object.
          물론이지. 언제 어느 때건 좋아! 돈은 문제가 안돼.

  광고를 의미하는 가장 일반적인 어휘는 "advertisement"이며, 줄여서 "ad"라고도 부른다. 그 중에서도 TV나 radio에 등장하는 상업 광고를 "commercial"이라고 하며, 공익적인 내용을 담은 비상업적인 광고는 "public service message(announcement)라고 한다.

    ex) We place ads about our products in the newspapers every weeks.
        우리는 매주 신문에 우리 상품에 관한 광고를 낸다.

    TV shows are often interrupted by commercials.
        TV 프로그램들은 광고들로 인해 자주 중간중간이 끊어지곤 한다.

Words & Expressions

ill-rupute : 평판이 안 좋음.
commercial : 선전
to name : 이름짓다, 정하다
PCS : Personal Communication
　　　　Service(개인 통신 서비스)
　cf) CDMA : Code Division Multiple Access
　　　코드분할 다중접속
spokesman(woman) : 대변인

1. "바깥에선"이란 표현은 "from the outside"가 무난하다. 참고로, "from the outside"는 "on the surface"나 "at a glance"와 함께 "겉으로 보기에" 혹은 "피상적으로" 라는 비유적인 의미로도 쓰인다.

> ex) You can never tell what a family is like from the outside.
> 겉으로 보아서는 한 집안이 어떠한지는 알 수 없다.

"방일"은 대통령의 공식적인 일본 방문이므로 "state visit to Japan"이라고 옮길 수 있다.

> ex) President Clinton's state visit to Germany was a success.
> Clinton 대통령의 공식적인 Germany 방문은 성공적이었다.

2. "가까워진다"는 "close"라는 어휘를 get 동사와 함께 사용하여 "getting closer"라고 표현할 수 있다. 단, 이 경우에 형용사는 비교급을 써야 한다.

> ex) John and I have been dating for only two months, but we are getting closer and closer.
> John을 만난 지 두 달밖에 안됐지만, 우리 사이는 점점 더 가까워지고 있다.

4. "점점 멀어져 가"는 "close" 대신에 "further"를 써서 "getting

further and further"로 표현할 수 있다. 여기에 "분리"의 개념을 "apart"로 덧붙이면 된다.

또한, 여당은 "ruling party", 야당은 "opposition(party)"으로 간단히 표현할 수 있다.

참고로, 우리 나라의 여당은 새정치국민회의(National Congress for New Politics)와 자유민주연합(United Liberal Democrats)이 연립한 상황이므로 "the two ruling coalition parties"라고 할 수 있다.

GRAMMAR POINT

Further vs. Farther

물리적인 거리(physical distances)를 나타내는 개념으로는 further와 farther 모두를 다 사용할 수 있지만, 그 이외의 추상적인 개념(abstract meanings)으로는 "further"만을 사용해야 한다.

ex) Thomas has moved his business farther or further from town.
Thomas는 시내에서 아주 먼 곳으로 사업체를 옮겼다.

위 문장에서는 공간적인 개념이므로 "farther"나 "further" 모두가 가능하다.

ex) After further consideration, the boss turned down the plan.
더 깊이 고려한 후 사장은 그 계획을 거부했다.

위 문장에서의 "further"는 추상적인 개념이므로, "farther"를 쓰지 않았다.

Words & Expressions

glance : v. 흘깃 쳐다보다
state visit : 공식적인 방문
consideration : 고려
turn down : 거절, 거부하다
GNP : Grand National Party
　　　　　(한나라당)

Comic #33

강다리/한국일보/98년 9월 25일

1. "불가피한"에 해당하는 어휘로는 "unavoidable, inevitable, inescapable" 등을 들 수 있다.

    ex) This is an unavoidable situation. There is no way to get out of doing overtime.
    이건 불가피한 상황이다. 초과 근무를 피할 방법이 없다.

예산 적자는 "budget deficit"라고 할 수 있고, 적자의 상태는 "in the red"라고도 한다. 반대의 개념은 "budget surplus, in the black"이라고 할 수 있다. 또한, 국가의 세입과 지출이 정확히 맞아 떨어지는 예산 상태는 "balanced budget"라고 한다.

    ex) Because of the recent pay back from Russia, we are currently at a budget surplus.
    최근의 러시아로부터의 부채상환 덕에 현재 예산 흑자 상태에 있다.

    The United States had a balanced budget once in history.
    미국은 역사상 한번 세입과 지출이 균형을 이룬 적이 있었다.

"budget"라는 어휘는 일정 기간의 예상 수입과 지출에 대한 계획안(a plan of expected income and expenses over time), 혹은 그러한 계획에 따라 확보된 돈(an amount of money set aside for a purpose)을 의미하는 명사로 쓰인다.

    ex) The company does a budget every quarter.
    그 회사는 분기마다 예산을 짠다.

또한, "budget"는 동사로도 사용할 수 있다.

ex) Budget your time wisely!
시간을 잘 계획해서 쓰시오!

한편, "budget"를 형용사적으로 쓰면 "비용이 적게 드는, 경제적인" 정도의 의미가 된다.

ex) a budget hotel

2. "버티다"라는 표현은 현재의 어려운 상황을 참고 이겨낸다는 의미이므로 "to hold out, bear, tolerate, last" 등의 어휘들이 적절하다.

ex) I don't know how much long I can hold out without water.
물없이 얼마나 버틸 수 있을지 모르겠다.

참고로, "to hold out"는 "합의를 거부하다(to refuses to reach an agreement)"라는 의미로도 쓰인다.

ex) The labor union is holding out until the management meets their every demand.
노조는 경영진이 모든 요구를 만족시킬 때까지 버티고 있다.

Words & Expressions

unavoidable = inevitable
 : 불가피한
overtime : 초과 근무
budget : 예산
to balance : 세입과 지출을 맞추다
surplus : 흑자
demand : n. 요구 사항
labor union : 노동조합(trade union)
meet : 만족, 충족시키다
management : 경영진

Comic #34

왈순아지매/중앙일보/98년 9월 28일

1. 푹 가라앉은 추석 분위기 : "분위기"라는 표현은 "mood"라는 어휘를 사용할 수 도 있고, 같은 의미로는 "spirit"가 있다. "푹 가라앉은"이라는 표현은 "gloomy"와 "depressed" 등이 있지만 "depressed"는 사람의 감정 상태를 표현하는 경우에만 쓰인다.

    ex) The room was dark and gloomy.
        그 방은 어둡고 가라앉은 분위기였다.
        Susan has been depressed and in a bad mood these days.
        Susan은 요즈음 시무룩하고 기분이 좋지 않아 보였다.

2. 고향 못 가는 IMF 실향민/실직 : "실향민"이라는 의미는 "displaced"라는 적절한 어휘가 있고, "고향을 간다"라는 의미는 곧 "방문"을 뜻하므로 "to visit his hometown"이라고 할 수 있다. 결국, "IMF 실향민"은 "a person displaced by IMF" 그리고 "고향 못 가는"은 "unable to visit his hometown", "실직"은 사람을 주체로 하므로 "unemployed"라는 형용사를 쓰는 것이 적절하다.

    참고로 "displaced worker"라는 표현은 기존의 업무력이 더 이상 쓸모 없게 된 직원을 말한다.

    ex) The government is implementing training programs for workers displaced by the computer revolution.
        정부는 컴퓨터의 획기적인 발전 이후 직장에서 도태된 사람들을 위한 직업 훈련 프로그램들을 실시하고 있다.

3. 울고 싶은 판에 뺨 때려 주네 : 어려운 상황에서 더욱 그것을 악화시킬 만한 요인을 제공한다는 의미이므로 "add fuel to the fire", "add insult to injury", "rub salt into the wound" 등의 표현들이 있다.

    ex) Jane was shouting, and I tried to calm her down by talking to her. Of course, that was just adding fuel to the fire.
    소리치는 Jane을 말로 진정시키려고 했지만 그것은 그저 불난 집에 부채질하는 격이었다.

4. 눈물 젖은 두만강 / 김정구 타계 : "눈물 젖은"이라는 표현은 슬픈 감정을 의미하므로, "강"과의 수식 관계와 노래의 제목이라는 점을 고려하여 "river of tears"가 어울린다. "타계"는 "pass away, pass on" 등이 완곡한 표현이며 "decease" 같은 딱딱한 용어도 있다. 그리고 조금 거친 어감을 가진 표현으로는 "to kick the bucket"이나 "kick off"가 있다.

    ex) Do not say his father kicked off. Say that he passed away.
    그 사람 아버님이 죽었다고 하지 말고 돌아가셨다고 해라.

결국, "김정구 타계"는 그림에서 TV를 통해 들은 소식이므로 문장으로 표현하여 "Kim Jung-Ku passed on today...."라고 할 수 있다.

CULTURE WINDOW

The man in the Moon
영어권 사람들에게는 달에는 토끼가 아니라 사람의 얼굴이 보인다는데……

The shadows on the surface of the full moon serves as a cultural ink-blot. The Koreans see a rabbit threshing his rice. In English speaking countries we say that we see a man's face in the moon.. and refer to him as the man in the moon . But did you also know that the Mayans also saw a rabbit in the moon? Only the Mayan rabbit is leaping.

PHASES OF THE MOON

full moon, china moon : 보름달
half moon : 반달
new moon : 초승달
waning moon – a moon that is reducing to a small crescent moon on the left : 그믐달
waxing moon – a moon that is increasing from a small crescent moon on the right : 초승달

1. "기자 회견"은 "press conference" 혹은 "news conference"가 가장 일반적인 표현이다. "한다"라는 표현은 행사를 개최한다는 의미이므로 "to hold"가 적당하다.

> ex) The annual board of officer's meeting will be held on Feb. 12th.
> 연례 중역 회의가 2월 12일에 개최될 것이다.

2. "연기한다"는 의미는 "to postpone, delay, put off, push back" 등의 표현이 가능하다.

> ex) The meeting has been pushed back to a later date.
> 회의는 추후로 연기되었다.
>
> The plane bound for Los Angeles was delayed due to bad weather
> 날씨 때문에 LA 행 비행기편이 연기되었다.

3. "전공"이라는 의미는 "개인적인 장기(a skill, something that a person does well)"를 의미하므로 "forte" 혹은 "specialty"라는 어휘가 어울린다.

> ex) I am a pretty good pianist, but my specialty is jazz.
> 나는 피아노도 잘 치지만 내 전문 분야는 jazz이다.

"특별한 재능(a special talent or ability)"을 가지고 있다는 의미로는 "to have a knack for ~"라는 표현도 있다.

    ex) I never received formal training, but I just have a knack for music.
    정식 교육을 받은 적은 없지만, 나는 음악에 특별한 재주가 있다.

한편, "살렸다"는 의미는 전공, 장기를 "뽐냈다" 혹은 "과시했다"라는 의미이므로 "to show off"라고 표현할 수 있다.

    ex) Mrs. Park showed off her diamond ring when she met her friends for dinner.
    Mrs. Park은 저녁 식사에서 만난 친구들에게 자신의 다이아몬드 반지를 자랑했다.

4. "깜짝쇼"는 "surprise"를 형용사적으로 사용하여 "the surprise show"라고 할 수 있다.

    ex) a surprise birthday party
    깜짝 생일 파티

Words & Expressions

annual : 연례의(occurring every year)
  cf) bi-annually : every two years(격년으로)
  semi-annually : twice a year(일년에 두번)
board of officers : 이사회
push back = delay = postpone
  = put off : 미루다, 연기하다
  cf) delay나 postpone은 "to put off"와 의미가 공유되므로, 그 용법에 있어서도 put off의 전치사 "off" 다음에 동명사를 당연히 써야 하듯이 모두 to부정사가 아닌 동명사를 써야 한다.
  ex) She delayed leaving for New York.
    그녀는 New York으로 가는 것을 연기했다.
bound for ~ : ~로 향한
specialty : 전공, 전문 분야
have a knack for ~
  : ~에 특별한 재주가 있다
surprise party = 깜짝 파티

1. "교도소"는 "prison" 혹은 "jail"이라고 할수 있다. 참고로, 중죄 (felony)에 해당하는 범죄에 대해 유죄 판결을 받은 죄수를 수용하는 "특별 교도소(prison for those convicted of a major crime)"는 "penitentiary"라고 한다.

> ex) Those that are convicted of a misdemeanor will go to the county jail. But those convicted of a felony will be incarcerated at the state penitentiary.
> 경범죄를 범한 죄수들은 지방 교도소로 갈 것이다. 그러나 중죄를 지은 자들은 주 특별 교도소에 감금될 것이다.

2. 담배 한 갑은 "a pack"이라고 하며, 열 갑이 든 한 상자는 "a carton"이라고 한다. 또한, 담배 한 대는 "a stick of cigarette"라고 하며, 꽁초는 "a butt"라고 한다.

3. "한 모금"은 입을 통해 "들이마시거나 뱉는(to blow air, such as through the lips)" 의미의 "puff"나 "drag"라는 어휘로 표현될 수 있다.

> A: Do you have an extra cigarette?
> 담배 더 있니?
> B: Nope! This is my last one.
> 없어. 마지막 한 개비야.

A: Let me get a drag of that!
한 모금만 줄래?

4. "용돈"은 "pending money, pocket money, allowance" 등으로 표현할 수 있다.

ex) My weekly allowance was $5 until I graduated from junior high school.
내 일주일 용돈은 중학교를 졸업할 때까지 5달러였다.

I like to keep at least $50 on me as spending money.
나는 적어도 50달러를 용돈으로 챙겨두고 싶다.

This is a Smoke-free office
이 사무실에서는 금연입니다.

흡연과 관련된 자주 사용되는 일상적인 표현들을 들어보면 다음과 같다.

to light(put out) a cigarette : 담배를 붙이다(끄다)
to quit(give up) smoking : 담배 끊다
to cut down on smoking : 담배를 줄이다
to give(get) a light : 담배불 빌려주다(빌리다)
to blow(out the) smoke : 연기를 내뿜다

Words & Expressions

misdemeanor : 경범죄
felony : 중죄
convict : v. 유죄 판결을 하다
penitentiary : 교도소
allowance = spending money : 용돈
graduate : 졸업하다, 졸업생
   cf) 접미사 "-ate"는 동사, 형용사, 명사로 쓰인다. 단, 발음은 동사일 때만 [-eit], 명사나 형용사일 때는 [-it] 혹은 [-ət]로 해야 한다.
   ex) Separate : [sepəreit] 동사
                [sepərəeit] 형용사

Comic #37

왈순아지매/중앙일보/99년 2월 1일

1. "박수받다"라는 표현은 그대로 "to receive applause"라고 할 수 있다.

ex) I received applause from my colleagues after my presentation.
설명회가 끝난 후에 동료들로부터 박수를 받았다

비슷한 표현으로는 "to give ~ a hand"가 있다.

ex) The boss gave him a hand for the great job he did on the project.
사장님은 project에서의 그의 업적에 대해서 찬사를 보냈다.

그러나, "to give a hand"라는 표현은 "to help"의 의미로도 쓰인다.

ex) Can you give me a hand with this sofa?
이 sofa 나르는 것을 좀 도와주실래요?

또한, 우리말의 "격려"의 어감으로는 "a pat on the back"라는 표현도 있다.

ex) A : Thanks for your effort on this contract. You were a big help.
이번 계약건에 관한 노고에 감사합니다. 큰 도움이 됐습니다.

B : Thanks for the pat on the back. I'm glad you were happy with the results.

격려 감사합니다. 결과에 만족하셔서 기쁩니다.

2. "폭탄주"는 우리말의 재미있는 어감을 살려 "bomb cocktail"이라고 표현할 수 있다. 또한, "bombed"라는 표현은 "심하게 취하다(very drunk)"라는 의미로도 쓰인다.

ex) A : Did you get in well last night.

어제 잘 들어갔어?

B : I was really bombed. Thanks for grabbing a cab for me.

난 정말 취했었지. 택시 잡아 줘서 고마워.

3. "발이 닳도록"이라는 비유적인 표현은 "지치다(tired)"라는 의미와 우리말의 "닳다"의 어감을 살려 "worn out"라고 표현할 수 있다.

ex) I am really worn out today. I'm going to hit the sack as soon as I get home.

나는 오늘 정말로 피곤해. 집에 가자마자 자야겠어.

또한, "worn out"는 "낡은, 오래된(old)"의 의미로도 쓰인다.

ex) These are my favorite pair of jeans. But they are really worn out now.
내가 제일 좋아하는 청바지인데, 이젠 정말로 낡았어.

4. "야단"의 의미는 동사적으로 "to give someone a hard time" 혹은 to criticize라고 할 수 있다.

ex) The teacher gave me a hard time about being late to class.
선생님은 수업 시간에 늦은 것에 대해서 야단치셨다.

Words & Expressions

colleague : 동료
presentation : 설명회
give a hand : 박수치다, 도와주다
pat on the back : 격려하다
get in : 귀가하다
bombed = really drunk : 심하게 취한
worn out = exhausted : 낡은, 오래된
hit the sack : 잠자리에 들다 (go to bed)
give a hard time : 야단치다, 고생시키다

1. 판검사가 "옷을 벗는다"는 표현은 "퇴직(resign from beinf a judge)"을 의미하므로, 영어로도 그대로 판사가 "법복(robe)을 벗는다(to take(strip) off the robe)"라고 비유적으로 표현한다.

> ex) Judge Walker was striped of his robe after being convicted of bribery.
> Walker 판사는 뇌물 수수 혐의로 유죄 판결을 받고 옷을 벗었다.

2. "불출"은 어리석은 사람을 조롱하는 말이므로, "foolish, idiotic, dumb, stupid, lame" 등과 같은 형용사를 사용할 수 있다.

> ex) She makes the same mistakes over and over again; she is so dumb !
> 그녀는 같은 실수를 계속 저지르고 있어. 정말 멍청해!

4. "몸값"은 "현상금(money give for the arrest of a wanted man)"의 의미이므로, "bounty, reward" 혹은 "money on one's head"라고도 한다.

> ex) Changwon Shin is wanted by the law, and the money on his head is 50 million won.
> 신창원은 수배중이며, 현상금은 5천만 원이다.

참고로, 인질에게 요구되는 몸값은 "ransom"이라고 한다.

ex) The parents paid a ransom of $300,000 for the return of their kidnapped son.
테러범은 인질에 대한 몸값으로 30만 달러를 요구했다.

Damn !?...

본래 "damn"이라는 어휘는 신에 대한 모욕의 어감 때문에 사용이 금기시된 적도 있다.

그러나 대부분의 사람들에게 "damn"은 강한 분노의 표현(a strong expression of anger)으로 받아들여지고 있고, damnable, damnation, damned 등의 어휘들도 사용되고 있다.

ex) Kidnapping a child is damnable act.
어린아이를 유괴하는 것은 천벌을 받을 짓이다.

Words & Expressions

convict : (유죄를) 판결하다
bribery : 뇌물 수뢰
wanted : 수배중인
to kidnap : 유괴하다(abduct)

1. "간신히 잡은 직장"은 "애써서(manage)"의 어감을 강조하기 위해 "barely"을 추가하여 겨우 들어간 회사라는 의미로 "a company I barely managed to get into"로 표현할 수 있다.

또한, "부도"라는 의미는 회사의 경우 "파산(bankruptcy)"이라고 해석할 수 있다. 따라서, "to go belly up, go bankrupt, go under, go out of business" 등의 표현이 가능하다.

ex) Over 150 companies went belly up in the last quarter.
지난 분기 동안 150개가 넘는 회사들이 도산했다.

2. "퇴직금"은 "retirement fund"라고 표현할 수 있는데, 퇴직을 비롯한 기타 목적으로 저축하는 돈(money saved for a specific purpose, especially retirement)을 가리켜 "nest egg"라고 부르기도 한다.

또한, 내용상 "날리다"라는 의미는 "돈을 낭비하다(to waste money)"라는 의미로 보고 "to blow"라는 어휘로 표현될 수 있다.

ex) I blew the nest egg my wife and I saved for 10 years on a game of poker.
부인과 10년 동안 모은 비상금을 포커 게임에서 날렸다.

그 밖에도, "to blow"는 "기회 따위를 놓치다(to ruin an opportunity)"라는 의미로도 쓰인다.

ex) I finally got the chance to ask her out, but blew it!
마침내 그녀에게 데이트 신청할 기회를 잡았지만 놓쳐 버렸다.

3. "보증 잘못 서"라는 표현은 다른 사람의 대출(loan)을 위해 보증(to co-sign)을 섰다가 그 사람이 지불 기일을 넘긴 경우로 해석할 수 있다. 따라서, "to co-signe a loan that went bad"로 옮길 수 있다.

ex) The loan went bad and now the bank wants full payment.
대출금의 지불 기일을 넘겼고, 이제 은행은 전액 상환을 원하고 있다.

또한, "압류하다"는 "to garnish" 혹은 "to attach" 등의 어휘가 어울린다.

ex) If this loan becomes delinquent, we will have no other choice but to garnish your wages.
이 대출금의 지불 기일을 넘기시면 우리는 어쩔 수 없이 당신의 급여를 압류할 것입니다.

The IRS attached my wages because I owed back taxes.
국세청은 세금 체납을 이유로 내 임금을 압류했다.

4. "바닥치다"라는 의미는 경기의 극한 상황이므로 바닥의 어감을 살린 "to hit rock buttom"으로 옮길 수 있다.

ex) Mr. Smith is a very sad man who hit rock bottom when he lost his job, his wife, and his health.
Smith씨는 직장, 부인, 그리고 건강 모두를 잃고 극한 상황을 겪었던 몹시 슬픈 사람이다.

Words & Expressions

to quarter : 분기
  * quarterly report : 분기 보고서
to ask out : 데이트 신청하다
to blow it = to make a mistake
  : 실수하다
to go bad : 지불 기일을 넘기다, (음식이) 상하다
delinquent : 미불인, 지불 기일을 넘긴, 태만한
to attach : (재산을) 차압하다
to have no choice but to ~
  : ~하지 않을 수 없다
  (cannot help ~ing)
back tax : 체납된 세금

1. "인사 태풍"에서 태풍의 의미는 "대단한 변화, 소동"의 어감으로 파악하여 "to cause a storm, cause a ruckus" 등의 표현으로 옮길 수 있다.

    ex) The affair between the boss and James caused a storm in the office.
    사장과 James 간의 사건은 사무실내에서 태풍을 일으켰다.
    * 검찰 : prosecution, 인사 : personnel

2. "설도 가까웠는데" "설"은 음력(lunar calendar)이므로 "lunar new year" 혹은, 미국에서는 중국 이민자들의 영향으로 흔히 "chinese Year"라고도 한다.

3. "왕년"이라는 표현은 "in the past"라고 할 수 있고, "떡값"은 뇌물을 의미하므로 "bribe, payoff, boodle, payola" 등의 어휘들을 사용할 수 있다.

    ex) Executives of this company used bribes to gain foreign contracts.
    이 회사의 간부들은 외국 계약을 따내기 위해 뇌물을 사용했다.

    The vice president accepted a payoff for political favors.
    부통령은 정치적인 청탁의 대가로 뇌물을 받았다.

특히, "boodle"은 "목적성의 현금"이라는 어감으로 쓰인다.

ex) The lobbyist passed the boodle on to the senator.
로비스트는 현금 뇌물을 상원의원에게 전달했다.

또한, 음반의 홍보, 판촉 등의 특별한 목적을 위해 방송국 관계자들에게 건네는 뇌물은 "payola"라고 한다.

That record became a hit because of the big sums of payola that went out to the major radio stations.
주요 라디오 방송국들에게 건넨 엄청난 금액의 뇌물 덕택에 그 음반은 히트했다.

참고로, 대표적인 인사 조치에 해당하는 "해고(fire)"에 관한 표현들을 정리하면 다음과 같다.

To get the ax
If you're not careful, you're going to get the ax.
조심하지 않으면 해고당할 거야.

To get the pink slip
After 15 years of service, I got the pink slip for being late a couple of times.
15년을 일한 직장에서, 몇 번 지각했다는 이유로 해고당했다.

To get the boot.

Just as I expected, John got the boot yesterday.
내가 예상했던 그대로, John은 어제 해고당했다.

Words & Expressions

affair : 일, 사건, 문제(matter)
executive : 회사의 간부
　*CEO : Chief Executive Officer(대표이사)
contract : 계약(건)
favor : 친절한 행위, 청
pass on : 전달하다, 건네다
senator : 상원의원
station : 소, 국
　　ex) fire station(소방서),
　　　　police station(경찰서)

Comic #41

나대로/동아일보/99년 3월 3일

3. "밤새워"라는 표현은 "through the night"가 어울린다.

　　ex) It rained through the night.
　　　　밤새 비가 내렸다.

그리고, "울분을 풀다"라는 "to let it (all) out"로 그 어감을 표현할 수 있다.

　　ex) A: What the matter with you?
　　　　　무슨 일이니?
　　　　B: Well, I am having a lot of problems with my boss. I am so angry, I just don't know what to do.
　　　　　사장님과 문제가 많아. 난 너무 화가 나서 어떻게 해야 좋을지 모르겠어.
　　　　A: Well, let your problems out on me.
　　　　　모든 골칫거리들을 나에게 풀어 버려.

또한, "to take it out on someone"이라는 표현은 누구에게 화풀이한다는 의미로 쓰인다.

　　ex) I know you had a bad day at work, but don't take it out on me.
　　　　오늘 직장에서 힘들었다는 것 잘 알아. 하지만 나에게 화풀이하지는 마.

4. "유흥업소"는 "entertainment establishment", "심야 영업 허용"은 영업 시간(business hour)의 연장을 의미하므로 금지 조치 따위(ban)의 해제를 의미하는 "to lift"를 사용하여 표현할 수 있다.

> ex) The federal government just lifted the 2-week waiting period on hand guns.
> 연방 정부는 권총 소지 면허를 받기 위한 2주간의 대기 기간을 해제했다.

또한, 금지 조치의 해제는 "to repeal"로 표현할 수도 있다.

> ex) The U.S. government repealed prohibition and permitted legalized drinking in the early 1900's.
> 미국 정부는 1900년대 초기에 금주 조치를 해제하고 합법적인 음주를 허용했다.

BY THE WAY

요즘 유행하는 심야 영화는 어떻게 표현하면 좋을까?

심야 영화는 "late show" 혹은 "night owl show" 정도로 옮겨 볼 수 있다.

> A: How about catching a movie?
> 영화 한 편 볼까?

B: You're kidding, there aren't any showing this late at night.

말도 안돼, 이 늦은 밤에 상영하는 곳이 없지.

A: Yes, there is. The Rialto has a night owl showing at 1:00 a.m.

아니 있어. Rialto 극장은 새벽 1시에도 심야 상영을 해.

Words & Expressions

fisherman : 어민, 어부
restriction : 제한, 금지
federal government : 연방 정부
prohibition : 금지, 금지 조항
to catch a movie : 영화보다
    (to see a movie)
establishment : 영업소
repeal : 법 등을 철폐하다

Comic #42

3. "그 잘난"이란 표현은 "아무 쓸모없는(useless) 대수롭지 않은(worthless) 것"으로 해석하여 "good-for-nothing" 정도로 옮겨 볼 수 있겠다.

> ex) A: This accounting program is useless!
> 이 회계 프로그램은 아무 쓸모가 없어.
> B: Yeah. It's better to keep books by hand than to learn to use this complicated program.
> 그래. 이 복잡한 프로그램을 배우느니 손으로 장부를 쓰는게 더 낫겠어.
> A: It sure is good for nothing! Let's take it back and get a refund.
> 정말로 무용지물이야! 돌려주고 환불을 받자.
>
> This report is worthless. This is not what I wanted at all.
> 이 보고서는 아무런 쓸모가 없습니다. 제가 원하던 바가 전혀 아닙니다.

또한, "협상"은 "talk, negotiations" 등의 어휘가 있으며, 동사구로는 "make a deal (bargain)"이라고 할 수도 있다.

> ex) President Clinton's recent trade talks with Japan led to beneficial results for the U.S.
> 클린턴 대통령의 대일 무역 협상은 미국에게 유리한 결과를 가져왔다.

Labor talks are still in progress and the management is hoping to avert a strike.
노사 협상이 아직 진행중이며, 회사측은 파업 사태를 피하고자 한다.

그리고 "어업 협상으로"에서 "~으로"는 원인을 의미하므로, 비꼬는 듯한 어감을 살려 "thanks to ~"로 옮길 수 있겠다.

ex) Thanks to his being late, we missed the plane.
그 친구가 늦은 덕분에 비행기를 놓쳤다.

4. "생선회"는 일본어 그대로 "sashimi"라는 어휘로 표현된다. 그러나, "생선 횟집"은 다른 해산물들도 함께 파는 식당으로 해석하여 "seafood restaurant"으로 옮기는 것이 무난하다.
참고로, "sushi, wasabi" 등의 일본어도 영어로 그대로 사용된다.

ex) a sushi bar : 생선 초밥집

Words & Expressions

Swiri: 우리 나라 영화 "쉬리"의 영어 표기를 그대로 따랐다.
fishery (fisheries): 어업, 수산업
book: (회계) 장부
keep: (규칙적, 지속적으로) 기록하다
    ex) to keep a diary: 일기쓰다
talk: 회담, 협상, 연설
    ex) peace talks: 평화 협상,
        trade talks: 무역 협상
beneficial: 이익이 되는, 유리한
labor talks: 노사 협상,
    * labor dispute: 노사 분쟁
in progress: 진행중인(underway)
management: 경영진
avert: 피하다(avoid),
    막다(prevent from ~)
strike: 파업

1. "돈 주면"은 돈에 대한 "교환, 대가"라는 의미이므로 전치사 "for"를 사용하는 것이 적절하다.

ex) I' ll give you twenty dollars for that watch.
그 시계는 20달러로 쳐 줄 수 있습니다.

2. "정신병자"에서 정신병은 "mental ill"이라는 용어가 자주 쓰인다. 그 밖에도 신체적 장애를 뜻하는 말로 "handicapped"가 있는데 조금은 오래된(outdated) 표현이며, 주로 "disabled, impaired"가 쓰인다. 장애를 뜻하는 다양한 표현들을 살펴보면 다음과 같다.

Blind(시각 장애): visually impaired / disabled
Deaf(청각 장애): hearing impaired / disabled
Retarded(정신 장애): mentally impaired / disabled

ex) This new building was designed to give complete access to the physically disabled.
이 건물은 신체 장애자들이 이용하기에 필요한 완벽한 편의를 위해서 설계되었다.

The visually impaired relied mostly on Braille for reading but this program can change all that!
시각 장애인들은 주로 점자에 의존한 독서를 했지만 이 프로그램은 기존의 모든 것들을 바꿀 수 있다.

또한, "제대"는 "to discharge"로 표현할 수 있다.

    ex) The navy discharged the sailor.
       해군은 그 병사를 제대시켰다.

3. "몇 푼"은 얼마 되지 않는 적은 돈이므로 "a few bucks"가 어울린다.

4. "돌아 버리다"라는 표현은 "to lose one's mind (marbles)", "to go crazy", "to go out of one's mind" 등으로 바꿀 수 있다.

    ex) I can't remember anything. I think I'm losing my mind.
       아무 기억이 나질 않아. 정신이 나간 것 같아.

"장교"를 뜻하는 "officer"는 경찰관(police officer)이나 회사의 간부라는 의미로도 쓰인다.

또한, "기밀"은 "top secret, classified information" 등의 표현이 어울린다.

    ex) This file contains classified information intended for your eyes only.
       이 서류에는 당신만이 보도록 되어 있는 기밀 내용이 포함되어 있습니다.

참고로, 기밀을 "누설하다"는 표현은 "to leak, disclose" 등의 동사를 사용할 수 있다.

ex) Disclosing this information could mean that I can be fired.
이 정보를 누설하면 나는 해고될 수도 있다.

An informant named "Deep Throat" leaked vital information to the press, breaking open the Watergate Scandal.
"Deep throat"라고 불리는 한 제보자가 언론에 중대한 정보를 흘렸고, 곧 Watergate 스캔들이 터졌다.

Words & Expressions

discharge: 제대시키다, 해고시키다
buck: a U.S. dollar (미화 1달러)
design: 설계하다, 고안하다
access: 접근, 출입, 사용권
braille: 점자
informant: 정보 제공자
vital: 긴요한, 중대한, 활력 있는
press: 언론
break open: 터뜨리다, 공개하다

1. "보험금"은 보험 가입자가 받는 "보상금(compensation from insurance)"이므로 "insurance money" 혹은 "insurance benefits"라고 한다.

> ex) A: What is the limit of your life insurance?
> 드신 생명 보험의 보상 한도액이 얼마입니까?
> B: The maximum benefit is a million dollars.
> 최고 보상액이 백만 달러입니다.

참고로, 매달 불입하는 "보험 납입금(insurance payments)"은 "premium"이라고 하며, 보험의 "최고 보상액 혹은 보상 범위"(maximum benefit available)는 "coverage"라고 한다.

> ex) The quarterly premium on my car insurance is very high.
> 차보험의 분기 납입 금액이 아주 많다.

3. "연금"은 "national retirement pension"으로 옮길 수 있는데, 미국에서는 "Social Security plan"을 통하여 퇴직자와 노약자에게 매달 일정한 금액을 지불한다.

> ex) A: How much of our paycheck goes towards social security?
> 국민 연금으로 봉급에서 얼마가 나가지?
> B: I would say about 25%.
> 약 25%쯤 될거야.
> A: That's quite a bit. I guess you'll be comfortable during

your golden years.
꽤 되는군. 노후에 편하게 지내겠군.

4. "잘릴 운명"에서 "잘리다"는 의미는 해고를 뜻하므로 어감을 그대로 살려 "to be cut"라고 할 수 있고, "~ 운명"은 "subject to" 혹은 "be a candidate for"로 그 어감을 살릴 수 있다.

ex) Employees in the shipping department are subject to layoffs within this quarter.
운송부의 직원들은 이번 분기내에 정리 해고를 당하기 쉽다.

He is the prime candidate for the position of CEO.
그는 대표 이사 자리의 손꼽히는 후보이다.

또한, 우리 나라 행정부의 각 부서는 "ministry"이며, 그 장관은 "minister"이다.

ex) the Ministry of Foreign Affairs and Trade: 외교 통상부

Words & Expressions

retirement: 퇴직
social security plan:
    (미국의) 사회 보장 제도
paycheck: 급료
golden years: 노후, 노년기
shipping: 선적, 운송
    cf) shipment: 화물
quarter: 분기
layoff: (감원을 목적으로 한) 해고
candidate: 후보, 후보자

보험과 관련된 어휘 표현
insurance policy : 보험증권(계약서)
policy holder : 보험 가입자
insurance agent : 보험 설계사
underwriter : 보험업자
to go with(take out) a policy :
    보험에 가입하다
full(partial) coverage : 전체(부분) 보상

1. "국민 연금"은 "퇴직(retirement)" 이후 받게 되는 "연금(pension)" 제도이므로 "National Retirement Pension System"이라고 할 수 있으며, "강행"은 예외없는 강제적인 집행이므로 "to be mandatorily enforced"로 표현될 수 있다. "강제적, 필수적"이라는 어감을 살릴 수 있는 어휘로는 "compulsory, obligatory, requisite" 등을 들 수 있다.

    ex) It is compulsory for all members of the company to attend this seminar.
    모든 사원은 예외없이 꼭 이 세미나에 참석하여야 한다.

    All Korean men must serve an obligatory military duty.
    대한민국의 모든 남자는 필수적으로 군복무를 하여야 한다.

    In order to take this class, economics is a pre-requisite.
    이 수업을 듣기 위해서는, 경제학 과목을 먼저 이수해야 한다.

  * 미국에서는 모든 연방 및 주 정부 공무원들에게는 연금 혜택이 주어진다. 기타 다른 직장인들은 이른바 "social security"라는 사회 보장 제도를 통하여 급여의 상당 부분이 65세 전후의 퇴직 후 받게 될 연금을 위해 공제된다. 또한 개인은 IRA(Individual Retirement Account)를 통하여 연금 저축을 할 수도 있다.

2. "어깨 힘들어간"이란 표현은 "잘난 체하고 으쓱댄다(to walk tall)"는 의미이므로, "힘들어간 어깨"를 살려 "walking tall with

stiff shoulders" 정도로 그 어감을 살려 볼 수 있겠다. 그 이외에도, "to be sure of oneself, to put on airs, throw one's weight around, swagger, strut" 등의 표현들이 잘난 체하고 으쓱댄다는 비슷한 의미로 쓰일 수 있다. 또한 그러한 의미는 부사 "haughtily"로 표현할 수도 있다.

ex) Charles is always putting on airs about how he pulled off that million-dollar deal.
Charles는 항상 자기가 어떻게 그 백만 달러짜리 거래를 따냈는지에 대해 거만하게 군다.

I can't stand the way she walks around haughtily.
더 이상 그 여자가 으쓱대며 돌아다니는 꼴을 참을 수 없다.

The new boss throws his weight around every chance he gets.
새로 온 사장은 기회가 있을 때마다 잘난 척한다.

CULTURE WINDOW

미국의 도로들을 운전하여 다니다 보면 많은 교통 표지판들을 보게 된다. 그 중에서도 "No Shoulder"라는 sign을 처음 접했을 때 그 의미를 모르는 분들이 종종 있다고 한다. "shoulder"는 어깨라는 뜻 이외에 "갓길"의 의미가 있는데 ...

While driving on an American road, you can see a peculiar sign that say... "No Shoulder". What can that mean? For sure, it doesn't mean a part of the body. The shoulder means the dirt road on each side of a street. You know where you pull over to if your car breaks down? The "No Shoulder" sign means that you shouldn't drive off the road to the side. Get it?

Words & Expressions

pension : 연금
enforce : 집행하다
to pull off~ : ~해내다
haushty = arrogant : 교만한, 자만한
every chance : 기회가 있을 때마다

Comic #46

나대로/동아일보/99년 3월 18일

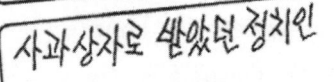

Politicians who received bribe money in apple boxes...

... can't sleep.

Just think... when the 100,000-won bill is issued... in one shot

1. "뇌물"을 뜻하는 어휘로는 "bribe"가 가장 일반적이며, 돈을 비롯한 모든 수단들이 해당된다. 뇌물을 주고 받는 행위는 "bribery"라는 명사형으로 표현할 수 있다. 특히, "bribe"는 동사로도 사용할 수 있다.

    ex) He bribed the official.
        그는 공무원에게 뇌물을 주었다.

4. 통용되고 있는 모든 화폐는 "currency"라고 하는데, 여기서 "10만원권"의 "권"은 지폐를 의미하므로 "bill"로 표현할 수 있다.

    ex) The two-dollar bill is rare in the United States.
        미국에서는 2달러짜리 지폐를 찾아보기가 힘들다.

    A: Do you have a five dollar bill?
        5달러짜리 지폐 있나요?
    B: No, but I have five ones.
        없지만, 1달러짜리 다섯 장은 있습니다.

참고로, 1달러, 5달러, 10달러, 20달러, 100달러짜리 지폐는 그대로 "one", "five", "ten", "twenty", "hundred"를 가산명사로 쓸 수 있다. 예를 들어 20달러짜리 지폐(20-dollar bill) 다섯 장은 그대로 "five twenties"라고 짧게 말할 수 있다.

지폐를 뜻하는 또다른 어휘로 "note"가 있는데 주로 영국에서 쓰인다.

 ex) I think this 10-pound note should cover the tab.
  이 10파운드 지폐 한 장이면 지불이 가능할거야.
   * a tab: a bill or check

"한번에"에 해당하는 표현으로는 "in one shot, in one fell swoop" 등이 있다.

 ex) When the stock market crashed we lost our fortune in one fell swoop.
  주식 시장이 폭락했을 때, 우리는 한번에 모든 재산을 잃었다.

참고로 "shot"가 들어가는 다른 표현들을 살펴보면 다음과 같다.

- **shot in the arm** : 무엇인가 사람에게 활력(힘)을 북돋아 주는 것
  Something that gives someone energy ; a boost

- **shot in the dark** : 막연한 추측이나 시도
  a random or wild guess or try

CULTURE SHOCK

Must check

I only have a Ben Franklin on me. Do you have any smaller bills?

미국의 지폐는 우리 나라의 지폐와는 달리 그 크기나 기본 색상이 같다. 따라서, 앞뒤에 나와 있는 숫자를 잘 보고 사용해야 한다. 특히, 각각 다른 위인의 초상화가 그려져 있으므로 참고하면 좋을 것 같다.

$1 – George Washington
$5 – Abraham Lincoln
$10 – Thomas Jefferson
$20 – Andrew Jackson
$50 – Ulysses S. Grant
$100 – Benjamin Franklin

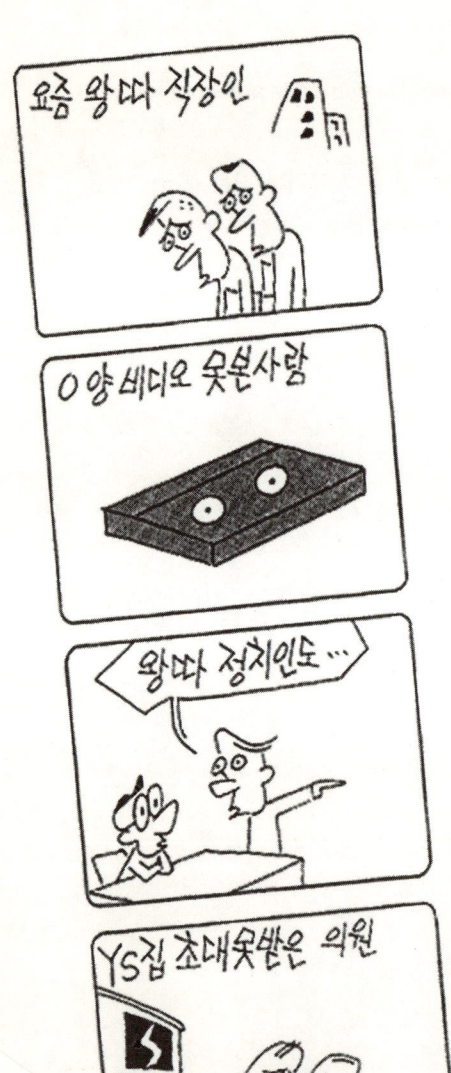

1. "왕따"라는 표현은 "따돌리다"의 의미로 보고, "to leave someone out"이라고 할 수 있다.

    ex) Let's leave Janice out of this meeting.
        Janice를 이 모임에서 빼자.

또한, "to feel left out"라고 하면 소외감을 느낀다는 의미가 된다.

    ex) I bet Janice felt left out when we had lunch without her.
        우리가 Janice를 빼고 점심식사를 했을 때 그녀는 틀림없이 소외감을 느꼈을 것이다.

결국, "왕따 직장인"은 글자 그대로 "the one left out"라고 하거나, 어떤 특이한 이유 때문에 다른 사람보다 "눈에 띄는 사람(a person who, because of unusual behavior or appearance, stands out from others in a group)"이므로 "an odd man(one) out"라는 표현과 "at work"를 결합하여 표현할 수 있다.

    ex) Everyone is wearing necktie except John. He is the odd man out.
        John을 빼고는 모두가 넥타이를 매고 있다. 그 친구는 눈에 띄는 사람이야.

4. "집"을 의미하는 어휘로는 "home" 이외에도, "place, joint,

residence" 등을 들 수 있다. 특히, "residence"는 격식을 갖춘 우리말의 "숙소" 정도에 해당한다.

ex) (전화상으로) Is this the Johnson residence?
Johnson씨 댁입니까?

This is my place. Make yourself at home.
저희 집입니다. 편히 계세요.

I went over to Pete's new joint last night. It was very nice.
어젯밤 Pete의 새집에 놀러 갔었어. 아주 좋더라.

또한, "joint"나 "place"는 식당이나 술집이라는 의미도 있다.

ex) Have you tried the new pizza joint(place) across the street?
길 건너편 새로 생긴 피자집에 가 봤니?

Words & Expressions

at home = comfortable and welcome
: 편한

to go(come) over : 놀러가다
(이때 "over"는 "for a visit"의 의미이다)
참고로, "to go over"는 "검토하다
(examine)"의 뜻으로도 자주 쓰인다.
   ex) The boss postponed going over the
   report.
   사장님을 보고서 검토를 연기했다.

to try : 해보다
   ex) Could I try on this shirt?
   이 옷을 입어 봐도 될까요?

Comic #48

나대로/동아일보/99년 3월 1일

1. "태극기를 달다"라는 표현은 "to display"를 사용하여 "to display the national flag"로 표현할 수 있다. 참고로, 미국의 국기인 성조기는 "Stars and Stripes" 혹은 "The Red, White and Blue"라고 하며, 미국 국가(the national anthem)는 "Star-Spangled Banner"라고 한다.

    ex) Every home on the block displayed the Stars and Stripes on their homes on Fourth of July.
    독립 기념일에 구역내 모든 집들은 성조기를 게양했다.

한편, "추모의 의미로 게양하는 조기(to show respect for the dead by lowering the flag)"는 "at half-mast"를 이용하여 그 어감을 살릴 수 있다.

    ex) The flag was raised at half-mast in memory of Dr. Martin Luther King.
    Martin Luther King을 추모하기 위하여 조기를 게양했다.

3. "이제 아셨수"는 어떤 사실을 "뒤늦게 이해한다(to finally understand something)"는 의미로 파악하고 "to catch on"으로 그 어감을 살릴 수 있다.

    ex) Everyone laughed at the joke. Carol is always the last one to catch on.
    모든 사람들이 그 농담을 듣고 다 웃었다. Carol은 언제나 늦게 감을 잡는다.

또한, "연휴"는 "long weekend" 혹은 "holiday weekend"로 표현된다.

ex) A: Do you have any plans for the long weekend?
연휴 동안 계획 있니?
B: Yes, I'm going camping in the woods with my family.
응, 식구들과 숲에서 야영을 하기로 되어 있어.

CULTURE WINDOW

The U.S. flag has 50 stars, for the number of states in the union, and 13 stripes, for the original 13 colonies. The number of stars has changed over history as more states have joined the union.

성조기는 연방을 구성하고 있는 주들을 상징하는 50개의 별과 독립 초기의 합중국을 형성한 동부의 주들을 의미하는 13개의 줄(stripe)로 이루어져 있다.

Words & Expressions

Fourth of July : 미국의 독일 기념일
(Independence Day)
to catch on : 이해하다(understand, comprehend)
woods : 숲(a small forest)

#49

나대로/동아일보/99년 4월 5일

1. "체중 줄이다"의 의미는 운동 선수가 "규정 체급(weight class)"에 맞추려는 것이므로, "to make the weight"라고 할 수 있다.

> ex) A: Did you hear that McMillian will be competing in the middle weight class this time?
> McMillian이 이번에는 미들급으로 출전한다는 이야기 들었니?
> B: Really? Do you think he will be able to make the weight?
> 그래? 그 친구가 체중을 줄일 수 있다고 생각해?

또한, 일반적으로 살을 뺀다는 의미로는 "to lose weight", "to shed(drop) pounds" 등이 자주 쓰인다.

> A: Did you see Sheryl? She lost a lot of weight.
> Sheyl 봤니? 살을 많이 뺐더라.
> B: Yeah, I heard that she shed 15 pounds.
> 응, 15파운드나 뺐다고 들었어.
> A: I envy her. I dropped five pounds last year but put it right back on in a couple of months.
> 부럽다. 작년에 나는 5 파운드를 줄였는데 몇 달 만에 도로 찌더라구...

3. "조직 살빼기"는 "downsizing", "cutbacks", "streamline" 등으로 표현될 수 있다.

ex) The company cutbacks will include 5000 layoffs.
회사의 규모 축소 계획에는 5,000명의 감원이 포함될 것이다.

The company plans to streamline the company by increasing working hours and reducing staff.
회사는 근무 시간 연장과 감원을 통하여 규모를 줄일 계획이다.

4. "도로 살찌기 운동"은 도로 살찌자는 분위기가 유행처럼 팽배하고 있다는 의미로 파악하여 "gaining weight is back in" 정도로 옮겨 볼 수 있다. 이때, "in"은 형용사로서 "in fashion, in vogue", 즉 유행하고 있다는 의미이다. 또한 이러한 유행은 "trend"라는 어휘로도 표현될 수 있다.

ex) If you keep your old clothes long enough, it comes back into fashion.
오래된 옷을 오래 갖고 있으면, 다시 유행하게 된다.

The colors blue and yellow are in vogue this season.
이번 계절에는 파란색과 노란색이 유행이다.

The biker trend is back.
자전거 타는 유행이 다시 돌아왔다.

Words & Expressions

athelete : 운동 선수
to compete : 경쟁하다, 겨루다
  cf) competitive : 경쟁의, 경쟁력 있는, 경쟁이 치열한
  competition : 경쟁, 대회
  competitor : 경쟁자, 경쟁 상대
to envy : 부러워하다
working hours : 근무 시간
staff : 직원, 참모진

#50

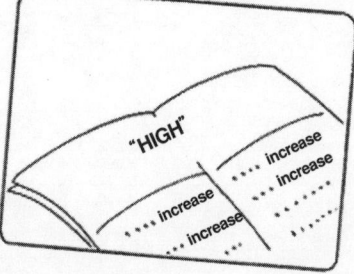

1. "고"는 고등학교를 의미하므로 "high school"의 약칭인 "high"
로 옮겨 그 어감을 살릴 수 있다.

> ex) The shooter was a shy and unremarkable young man at Heritage High, Georgia.
> 총을 쏜 사람은 조지아 주 Heritage 고등학교의 수줍음 많은, 눈에 띄지 않는 아이였다.

참고로, 몇몇 대학교의 이름도 줄여서 부르는 경우가 있다. California 공과대학의 정식 명칭은 California Institute of Technology이지만 흔히 "Cal Tech"이라고도 부른다. 마찬가지로 Georgia Institute Technology는 "Georgia Tech"이라는 이름이 호칭으로 자주 쓰인다.

2. "새 정부의 광주고"는 정부의 관료들 중의 광주고 출신들을 의미하므로, "동창생"을 의미하는 복수형 "alumni"를 덧붙여 표현할 수 있다.

> ex) She is an alumna of UCLA. / He is an alumnus of SNU.

또한, "정부"는 대통령의 행정부를 의미하는 "administration"으로 표현될 수 있다.

ex) The Clinton administration has been vaguely speaking of some kind of strategic relationship with China.
클린턴 행정부는 중국과의 모종의 전략적 관계를 모호하게 언급해 왔다.

3. "뭐니뭐니해도 무서운"은 "no matter what"과 최상급을 이용하여 표현할 수 있다. "무서운"에 어울리는 단어는 "fritening, horrible, scary" 등이 있다.

ex) We read horrible stories about starvation and extreme regimentation of North Korea.
신문 지상에서 북한의 기아와 극도로 심한 통제에 관한 끔찍한 기사를 읽었다.

4. "물가"는 문맥상 전반적인 생활비를 의미하므로 "cost of living"으로 바꾸어 볼 수 있다.

ex) Suburban Koreans are moving back to Seoul to save on cost of living.
교외에 살던 한국 사람들은 비싼 생활비를 줄이기 위해 서울로 다시 이주하고 있다.

Words & Expressions

unremarkable: 눈에 띄지 않는, 평범한(ordinary)
alumna: 여자 동창생
alumnus: 남자 동창생
administration: 행정, 정부(행정부)
vague: 모호한, 명확하지 않은
strategic: 전략적인
starvation: 기아, 기근
regimentation: (조직적) 통제, 조직화
suburban: 교외의
   cf) suburbs : 교외 지역

지은이 소개

박정
영어시험 전문학원 '박정어학원' 운영
미래국제교육문제연구소장
전 스포츠서울 '박정의 토플/토익 강좌' 칼럼니스트
전 스포츠서울 '박정의 AD Net' 칼럼니스트
대학생 정보지 '열린마당' 영어 칼럼니스트
WORLD REVIEW 토익 강좌 칼럼니스트
Today News, New Pop's English 자문위원
박정어학원 동창회 고문
서울대-북경대 문화체육교류추진위원
사단법인 미래한국경영연구소 연구위원

박원정
AFKN TV Production 사회생활사
박정어학원 AFKN · TOEFL 강사
전 케이블 TV 영어 강사 · 연세대학교 강사

조은아
박정어학원 TOEFL · TOEIC 강사, New Pop's English 칼럼니스트
UCLA 경제학과 졸업
전 케이블 TV 영어 강사 · 단국대학교 강사